분석적 교육철학

전통, 유산 그리고 과제

유재봉 저

Analytic Philosophy of Education

Traditions, Legacies and Challenges

학지사

머리말

분석적 교육철학은 20세기 '철학의 혁명'으로 불리는 분석철학의 영향을 받아 교육철학의 새로운 패러다임으로 1960년대와 1970년대에 영국과 미국에서 풍미하였다. 그 이후 분석적 교육철학은 정도의 차이는 있었지만 영어권 국가와 전 세계에 큰 반향을 일으켰다. 우리나라에서는 분석적 교육철학이 1970년대 중반에 소개되자마자 주목의 대상이 되었고, 20년 남짓 활발하게 연구가 이루어지다가 점점 관심이 식어 갔다.

이 책은 분석적 교육철학의 전모를 드러내고 평가하기 위한 것이다. 이를 위해, 먼저 이 책은 분석철학이 무엇인지, 분석철학이 어떻게 전개되어 왔는지, 내적 · 외적 비판에 직면하여 분석철학이 어떻게 새로운 방향을 모색해 왔는지를 탐색한다. 다음으로, 분석적 교육철학이 무엇인지, 분석적 교육철학이 영국과 미국 그리고 한국에서 어떤 과정을 거쳐 발전하고 쇠퇴해 왔는지를 탐색한다. 마지막으로, 분석적 교육철학의 성과와 한계는 무엇인지, 앞으로 분석적 교육철학의 과제와 전망이 무엇인지를 논의하고자 한다.

책을 마무리하는 즈음에 돌이켜 보니, 필자가 분석적 교육철학에 처음 입문한 지도 어언 40년이 넘었다. 물론 필자가 40여 년 내내 분석적 교육철학만 공부한 것은 아니었지만, 적어도 그것에 관한 관심은 한시도 떠난 적이 없었다고 할 수 있다. 신임교수 시절에는 동료 교수에게 "왜 학생들에게 분석적 교육철학만 가르치느냐?"라는 말을 듣기도 하였고, 몇 주 전에는 처음 만난 교수가 필자를 '분석적 교육철학자'로 단정하는 것을 보니, 필자가 원하든 그러지 않든 간에 혹은 이전이나 지금이나 할 것 없이, 학계에서 분석적 교육철학을 하는 사람으로 인식되고 있는 듯하다. 필자에게도 분석적 교육철학은 늘 그리워하고 쉼을 얻는 마음의 고향 같은 곳이다.

필자를 처음 분석적 교육철학에 입문시켜 주시고 교육해 주신 석사 지도교수 이돈희 교수님을 비롯하여 함께 공부했던 '교육철학동우회' 선배님들, 특히 신차균 교수님과 고(故) 김안중 교수님께 감사드린다. 그리고 필자에게 한결같은 마음으로 오로지 논문에만 집중할 수 있도록 여러모로 도와주신 런던대학교 교육학대학원(Institute of Education, University of London)의 박사 지도교수 헤이든(Graham Haydon) 교수님, 필자에게 늘 따뜻하게 대해 주셨을 뿐만 아니라 자신의 글에 비판적인 입장을 견지하였던 필자를 종종 그의 연구실에서 기꺼이 그리고 진지하게 논의해 주신 화이트(John White & Patricia White) 교수님, 필자의 글에 관심을 가지고 열정적으로 논평해 주시고 자신의 교육적 견해를 친절하게 설명해 주신 고(故) 허스트(Paul Hirst) 교수님께 많은 학문적 빚을 지고 있다. 이러한 선배 교수님들이 없었다면, 이 주제에 관심을 가질 수 없었을 것이고, 이 책도 나오지 않았을 것이다.

이 책은 '교육의 역사와 철학 시리즈'의 20권 가운데 한 권으로 기획된 것이었다. 이 책의 집필은 원래 신차균 교수님께 맡겨진 것인데, 교수님의 강권으로 얼떨결에 책임을 맡게 된 지도 여러 해가 지났다. 너무 부끄럽고 죄송한 마음에 고개를 못 들 지경이다. 이 책이 더디 나오게 된 것은 교내의 여러 보직과 학회의 책임을 맡아 마음의 여유가 없긴 했지만, 전적으로 나의 게으름 때문이다. 이 책이 나오기까지 채근하지 않고 한없이 인내하며 기다려 주신 편집책임자 오인탁, 강선보 교수님과 학지사 김진환 사장님께 미안한 마음과 감사한 마음을 전한다. 이분들을 뵐 때마다 얼굴을 들 수 없었는데, 오랫동안 눌려 있던 체증이 다소 내려가는 기분이다. 동시에 오래 묵힌 책인 데 비해 좀 더 치밀하고 정교하게 다루어야 할 부분이 많다는 아쉬운 마음이 든다. 아무쪼록 이 책이 분석적 교육철학을 이해하거나 비판적 논의를 하려는 사람들에게 도움이 되었으면 좋겠다.

호암관 연구실에서 유재봉 씀

차례

제 1 장

프롤로그

분석의 개념과 방법이 사용된 것은 이미 고대 희랍 시대 플라톤의 여러 『대화편』에서 소크라테스가 대화 상대자에게 다양한 개념, 가령 덕, 정의, 지식, 사랑 등을 명료하게 할 것을 요청하고 있는 것에서 찾아볼 수 있다. 그러나 학문으로서 분석철학(analytic philosophy)은 1900년대가 시작될 무렵 대체로 케임브리지대학교의 무어(G. E. Moore)와 러셀(B. Russell)에서 시작되어 비트겐슈타인(L. Wittgenstein)에 의해 꽃피웠다고 할 수 있다. 분석철학은 20세기 동안 영국과 미국은 말할 것도 없고 영어권을 비롯한 전 세계에 강력한 영향을 미쳤다. 그리하여 20세기는 흔히 '분석의 시대(the age of analysis)'로 불린다(White, 1955).

분석철학이 무엇인지를 밝히려면 세밀한 논의가 요청되지만, 그것을 직관적으로 파악하는 데는 분석철학을 일컫는 몇 가지 용어를 검토하는 것이 도움이 될 것이다. 분석철학을 가리키는 대표적인 용어로는 '철학의 혁명' '언어적 전회' '영미 철학' 등이 있다. 먼저, 분석철학을 일컫는 가장 거창한 표현은 아마 '철학의 혁명'일 것이다. 분석철학은 20세기 여러 철학 사조의 하나에 그치는 것을 넘어서 철학을 새롭게 규정하고 있다는 점에서 철학의 혁명으로 불린다. 여기서 '철학의 혁명'이라는 말은 이전 철학의 방식을 완전히 바꾸어 놓았다는 의미이다. 즉, 기존의 철학이 공통적으로 이론체계나 지식체계의 형성을 강조해 왔다면, 분석철학은 탐구 방법을 강조함으로써 기존 철학의 패러다임을 완전히 대체하였다.

다음으로, 분석철학을 특징짓는 용어는 '언어적 전회(linguistic turn)'이다. 언어적 전회는 분석철학의 특징을 가장 잘 드러내는 표현 중의 하나이다. 분석철학은 철학적 명제나 주장을 적극적으로 제시하는 것보다는 철학에서 사용하고 있는 언어나 개념 그 자체에 관심이 있다. 말하자면, 분석철학은 철학의 문제를 언어나 개념의 문제로 보고, 그 문제를 해결하기 위해 무엇보다 언어의 의미와 개념을 분석하고 명료하게 하는 일에 초점을 둔다. 분석철학은 철학자나 과학자가 제시하거나 주장하고 있는 언어나 개념 그 자체를 탐구 대상으로 삼고 있다는 점에서 '이차적' 혹은 '반성적' 성격을 띤 철학이라고 할 수 있다.

마지막으로, 분석철학은 흔히 '영미 철학'이라 불린다. 분석철학이 영미 철학이라고 불리는 이유는 영국에서 시작되어 20세기 동안 영국과 미국을 대표하는 철학이기 때문이다. 그런데 분석철학이 영국과 미국에서 발전하고 지배적인 철학으로 자리매김한 데는 역설적이게 비엔나학파의 논리실증주의가 큰 영향을 미쳤다. 논리실증주의자들은 나치의 박해를 피해 미국과 영국 등지로 흩어졌다.[1] 그들은 '논리실증주의'라는 독립된 학파를 유지하기보다는 영국의 고유한 지적 전통인 경험주의 철학이나 미국의 실용주의 철학과 자연스럽게 어우러졌으며, 그리하여 '영미 분석철학'이라는 하나의 포괄적인 철학적 흐름이 생겨난 것이다. 영국에서의 분석철학은 에이어(Ayer)의

1) 미국으로 이주한 대표적인 논리실증주의자로는 카르납, 파이글, 헴펠 등을 들 수 있고, 영국으로 이주한 대표적인 논리실증주의자로는 바이스만, 포퍼 등이 있다.

『언어, 진리, 논리(Language, Truth and Logic)』(1936)의 출판으로 논리실증주의가 일시적으로 영향을 미치기도 하였으나, 얼마 지나지 않아 위즈덤(J. Wisdom), 라일(G. Ryle), 오스틴(J. L. Austin), 스트로슨(P. F. Strawson) 등의 옥스퍼드학파의 일상언어 분석철학이 성행하게 되었다. 미국에서의 분석철학은 대체로 콰인(Quine)의 영향을 받아 형이상학의 거부, 과학적 방법의 존중, 논리적 분석에 의한 철학적 문제의 해결을 중시하였다. 물론 미국에서도 후기 비트겐슈타인의 영향을 받은 블랙(M. Black), 스티븐슨(C. L. Stevenson) 등은 영국의 일상언어학파와 유사한 견해를 취하기도 하였다(김혜숙, 1991: 269).

20세기 '철학의 혁명'이라 불리는 분석철학은 1980년대에 접어들면서 외적 비판뿐만 아니라 분석철학 공동체 내에서도 비판적 반성이 일어났다. 이러한 비판에 직면하여, 분석철학은 새로운 방향을 모색하기 시작하였으며, 철학의 혁명으로부터 졸업하는 과정에서 다양한 양상을 띠게 되면서 본래의 고유한 모습을 잃게 되었다. 그리하여 분석철학은 하나의 철학적 전통으로 자리매김하기보다는 형이상학, 인식론, 윤리학, 심리철학, 정치철학 등의 안으로 들어가 분석적인 방법을 사용하고 있는 실정이다.

분석철학과 마찬가지로, 분석적 교육철학도 영국과 미국을 비롯한 영어권 국가에 삽시간에 퍼져 나가, 영미를 대표하는 교육철학으로 자리매김해 갔다. 특히 영국의 분석적 교육철학은 그 본산이라고 할 수 있는 런던대학교의 피터스(R. S. Peters)와, 그의 가르침을 받거나 영향을 받은 런던학파(the London line)를 중심으로 영어권 국가에 확산되어 갔다. 분석적 교육철학은 기존의 교육철학을 대체하는 새로운 의미의 교육철학으로 자리매김하게 되었으며, 피터스는 '새로운 교육철학의 아버지'로 불리게 되었다(White, 2001: 118). 미국은 하버드대학교의 셰플러(I. Scheffler)를 비롯하여 컬럼비아대학교, 일리노이대학교 등을 중심으로 분석적 교육철학이 활성화되었다. 분석적 교육철학은 대체로 1960~1980년 사이에 영국과 미국을 비롯한 영어권 국가의 지배적인 교육철학이 되었다. 그러나 분석적 교육철학이 사회와 교육 실천의 문제를 해결하는 데 한계를 보임에 따라 1980년대에 접어들면서 급격히 퇴조하기 시작하였다.

한국에서 분석적 교육철학은 1970년대 초에 미국에서 분석적 교육철학을 공부한 이돈희가 서울대학교 교육학과 교수로 부임하면서 본격적으로 시작되었다. 분석적 교육철학은 1970년 중반부터 이돈희 교수와 그의 제자들을 중심으로 확산되기 시작하였다. 이돈희 교수의 제자들은 1970년 중반부터 1990년 중반까지 꾸준히 분석적 교육철학 석사학위논문과 박사학위논문을 발표하면서 분석적 교육철학의 전성기를 구가하였다. 그 이후 한국에서 분석적 교육철학에 관한 관심은 서서히 사라져 지금은 분석적 교육철학보다는 영국과 미국의 교육철학을 일컫는 이름으로 남아 있는 실정이다.

이 책은 분석적 교육철학이 무엇이고, 분석적 교육철학이 어떻게 발전하고 쇠퇴해 왔는지, 분석적 교육철학의 공헌과 한계가 무엇인지 등 분석적 교육철학의 전모를 밝히고 탐색하기 위한 것이다. 이 책에서 해명하고자 하는 핵심적 질문은 "분석철학은 어떤 점에서 철학의 혁명이라고 부를 수 있는가?" "분석철학은 어떤 과정을 거치면서 철학의 혁명에서 졸업을 했는가?" "분석적 교육철학은 분석철학과 어떤 점에서 같고 다른가?" "영국과 미국, 한국의 분석적 교육철학은 어떤 양상을 띠었는가?" "분석적 교육철학이 물려준 유산은 무엇이고 앞으로의 방향과 과제는 무엇인가?" 등이다.

이 책은 보다 구체적으로 다음과 같은 방식으로 진행된다. 제2장에서는 분석철학이 무엇이며, 어떤 특징을 지니고 있는지를 논의한다. 제3장에서는 분석철학이 어떻게 시작되었으며, 어떤 과정을 거쳐 발전해 왔는지를 밝힌다. 제4장에서는 분석철학에 관한 내적 · 외적 비판에 직면하여 분석철학이 어떻게 새로운 방향을 모색해 갔는지를 탐색한다. 제5장에서는 분석적 교육철학이 무엇이며, 분석적 교육철학의 방법이 무엇인지를 탐색한다. 제6장에서는 영국과 미국의 분석적 교육철학의 전개 과정을 밝히고, 기로에 선 분석적 교육철학이 어떻게 새로운 방향을 모색해 나가고 있는지를 밝힌다. 제7장에서는 한국에서의 분석적 교육철학의 전개 과정과 성과를 밝힌다. 제8장에서는 분석적 교육철학의 공헌과 한계를 논의하고, 앞으로의 방향과 과제를 제시한다.

제 2 장

분석철학이란 무엇인가

분석적 교육철학이 무엇인지를 알기 위해서는 분석철학(analytic philosophy)이 무엇인지에 관한 이해가 선행되어야 한다. 분석철학이란 무엇인가? 분석철학을 무엇으로 규정할 것인가의 문제는 복잡한 논의가 요구되나, 크게 두 가지 접근 방식이 가능하다. 하나는 분석철학의 개념을 분석하는 방법, 즉 철학자들 사이에 '분석철학'이란 말을 어떻게 사용하고 있는지를 분석하는 방식이다. 다른 하나는 분석철학의 역사적 접근 방법, 즉 분석철학이 지금까지 어떻게 전개되어 왔는지를 살펴보는 방식이다. 이 두 가지 접근 방식은 분석철학이 무엇인지를 파악하는 데 유용하면서 상호 보완적 관계에 있다. 그러므로 이 책에서는 두 가지 접근 방식을 함께 취한다. 제2장에서는 주로 분석철학의 개념분석을 통해 분석철학의 성격과 특성을 중심으로 밝힌다면, 제3장에서는 분석철학의 역사적 전개 과정을 살펴봄으로써 분석철학이 무엇인지에 관한 지형도를 그린다.

1. 분석철학의 개념

20세기 '철학의 혁명'으로 불리는 분석철학은 언어의 의미 분석을 통해 사고나 주장을 명료하게 하는 데 초점을 두는 철학이다. 20세기 영미 철학을 대표하는 분석철학은, 기존의 대륙 철학이 이론체계와 사상체계를 형성하는 것에 관심을 두고 있는 것과는 달리, '탐구 방법'을 강조하여 기존 철학의 패러다임을 완전히 바꾸어 놓았다. 분석철학은 특정 관점의 철학적 주장보다는 그 주장이 무엇을 의미하는지를 명료하게 밝히는 일을 중시한다는 점, 실재나 본질의 추구보다는 언어 혹은 개념 분석 등 철학적 탐구 방법을 중시한다는 점에서 공통적이다.

분석철학은 영국과 미국을 대표하는 철학으로, 흔히 '영미 철학'이라 불린다. 그러나 분석철학이 유독 영국과 미국에만 존재한 것은 아니다. 정도의 차이는 있지만, 분석철학은 영어권 국가를 비롯하여 세계의 많은 국가에서 적어도 한동안 성행하고 있었다. 이 점에서 분석철학을 오로지 영미 철학으로만 규정하는 것은 엄밀히 말하면 정확한 표현이 아니다. 역설적이게, 분석철학은 프레게(G. Frege), 비트겐슈타인, 비엔나학파(Vienna Circle)의 철학자들처럼 독일어권 학자들이 고안한 것이다. '분석철학'이라는 용어를 처음 사용한 네이글(Nagel, 1936)에 따르면,[1] 분석철학이라는 말은 비엔나학파를 중심으로 한 유럽의 철학운동을 지칭하기 위해 사용되었다. 그럼에도 불구하고, 분석철학은 적어도 20세기 동안에는 영국과 미국을 대표하는 철학이었다는 점이 다소 분명하다.

분석철학이 무엇인지에 관해 접근하는 방식은 다양하다. 그 접근

1) '분석철학'이라는 말은 네이글의 「유럽 분석철학의 인상과 평가(Impressions and Appraisals of Analytic Philosophy in Europe)」(1936)라는 논문에서 처음 공개적으로 사용되었다. 그는 분석철학이라는 말을 비엔나학파를 중심으로 한 유럽의 철학운동을 지칭하기 위해 사용하였다. 그에 따르면, 분석철학은 지식체계보다는 지식의 의미와 함의를 명료화하고, 그리하여 철학적 분석 방법에 관심을 가진 철학이다(Nagel, 1936: 6).

방식에는 분석철학의 필요충분조건이 무엇인지를 분석하는 '논리적 접근', 분석철학이 역사적으로 어떻게 발생하였으며 어떻게 변화하고 발전해 왔는지를 탐색하는 '역사학적 접근', 분석철학이 대륙철학과 같은 기존의 철학과 어떻게 다른지를 비교하는 '비교학적 접근', 철학자들이 분석철학을 어떠한 방식으로 규정하고 있는지를 분석하는 '일상언어 분석' 등이 있다.

분석철학이 무엇인지를 밝히기 위한 일반적인 방법은 분석철학자들이 스스로 분석철학을 어떻게 규정하고 있는지에 관한 일상적 용법을 분석하거나 실지로 그들이 하는 일을 구체화하는 것이다. 분석철학을 가장 쉽게 정의하는 방법은 '분석철학자들이 하는 일'이라고 규정하는 것이다. 분석철학을 이렇게 규정한다면, 분석철학이 무엇인지를 탐색하기 위해서는 분석철학자들이 하는 일이 무엇인지를 구체적으로 밝혀야 한다. 그런데 문제는 분석철학자들이 한 가지 일만 하는 것이 아니라 여러 가지 일을 동시에 하고 있으며, 또한 분석철학자들 간에도 똑같은 일을 하고 있다고 볼 수 없다는 점이다. 분석철학을 '분석철학자들이 하는 일'이라고 규정할 때, 이 일은 분석철학자가 하는 모든 활동이라기보다는 분석철학자로서의 전형적인 활동으로 보아야 한다. 물론 분석철학자들 간에도 입장과 강조점이 다를 수 있다. 여기서 말하는 분석철학자의 전형적 활동이라는 것은 분석철학자로서 그들 간에 공유하고 있는 활동을 말한다.

분석철학이 곧 '분석철학'이라는 말이 쓰이는 일상적 용법이라고 할 때, 언어의 '일상적 용법(ordinary use)'이라는 용어도 애매한 부분이 있다. 일상적 용법이라는 말은 '불규칙적인 용법(irregular use)'에 반대되는 '표준적 용법(the standard use)'을 일컫기도 하고, '전문적인 용법(specialist or technical use)'에 반대되는 일반인들이 일상적인 생활에서 사용하고 있는 용법을 일컫기도 한다(Glock, 2008: 14). 그러나 분석철학이라는 말의 일상적 용법은 분석철학자와 분석철학을 공부하는 사람들이 사용한다는 점에서 보면 전문적인 용어에 가깝다고 볼 수 있다. 그렇다고 해서 이 말이 누구나 받아들일 수 있는 분석철학 개념의 유일한 표준 혹은 기준이 있다는 뜻은 아니다. 비트겐슈타인이 말했듯이, 분석철학의 개념은 일종의 '가족유사성(family resemblances)'을 이루고 있다.

분석철학 학문공동체에서 분석철학이 무엇인지에 관한 규정이 가족유사성을 이루고 있다는 말은 적어도 두 가지 의미를 내포하고 있다. 하나는 분석철학 학문공동체 내에 모두가 동의하거나 합의할 수 있는 절대적이거나 보편적인 분석철학 개념은 존재하지 않는다는 뜻이다. 다른 하나는 단일한 분석철학의 개념은 존재하지는 않지만, 그렇다고 분석철학 개념을 적어도 느슨하게나마 규정하는 것이 불가능하다거나 분석철학 학문공동체에서 수용할 수 있는 개념이 없다는 뜻은 아니다. 분석철학 개념이 가족유사성을 이루고 있다는 것은 분석철학 학문공동체에서 "분석철학이란 무엇이다."라는 개념을 공유하고 있다는 뜻이다. 다만 분석철학자들이 공유하고 있는 분석철학 개념이라는 것은 단일한 필요충분조건을 충족시키고 있는 것이라기보다는 주장, 방법, 스타일 면에서 중복되는 유사성을 가지고 있다는 뜻이다.

분석철학자들은 대체로 실재나 본질이 무엇인지를 탐구하는 형이상학, 그리고 실존주의(existentialism)나 포스트모더니즘(post-modernism)처럼 소위 '~주의(~ism)'로 표현되는 철학 지식이나 이론체계를 형성하는 것보다는 그러한 지식과 이론에 들어 있는 개념을 분석하거나 언어의 의미를 명료히 하는 것에 관심을 가진다는 점을 공유한다. 그러나 분석철학자들의 관심사나 방법은 프레게와 러셀처럼 논리적 방법을 강조하기도 하고, 에이어나 콰인처럼 과학적 방법을 강조하기도 하고, 비트겐슈타인처럼 언어의 의미와 개념분석을 강조하기도 한다. 요컨대, 분석철학이란 분석철학 학문공동체 내에서 여러 논쟁에 지속적으로 참여해 온 학자들이 형성한 공통적인 학문적 실천 전통이라고 할 수 있다. 그 실천 전통은 철학에서 사용되고 있는 주요 개념들을 분석함으로써 언어의 의미를 명료화하는 일이다.

2. 분석철학의 주요 특징

분석철학이 무엇인지에 관해 모든 분석철학자가 금과옥조로 받아들이는 공통적인 신조나 주장은 없다. 그럼에도 불구하고 분석철학 학문공동체에서 대체로 공유하고 있는 분석철학의 특징이 존재한다. 분석철학의 주요 특징을 제시하면 다음 몇 가지를 들 수 있다.

첫째, 분석철학은 특정한 철학의 이론체계를 형성하는 일보다는 철학의 '탐구 행위' 내지 '탐구 방법'을 중시한다. 여기서 말하는 '탐구 행위'는 특정 가치를 제시하는 일보다는 주로 그 가치가 무엇인지를 질문하고 따지는 행위이다. 이 점에서 분석철학이 다른 철학과 구별되는 특징은 무엇보다 철학이론보다는 철학 문제를 다루는 태도나 방법에 있다. 기존의 철학이 특정 철학적 주장이나 이론체계를 제시하는 것을 중시하였다면, 분석철학은 철학하는 방법을 강조한다. 분석철학은 기존 철학의 패러다임을 바꾸어 놓았다는 점에서 '철학의 혁명'이라고 불린다.

둘째, 분석철학은 철학적 주장 그 자체보다도 학자들이 주장하는 '언어 그 자체'에 관심이 있다. 무어와 러셀 이래 분석철학자들은 철학적 문제를 다루거나 해결하는 데 가장 중요한 것을 언어라고 보았다. 분석철학은 주요 관심사가 언어라는 점에서 '언어적 전회(linguistic turn)'라고 불리며, 언어적 전회는 분석철학을 특징짓는 가장 일반적인 용어가 되었다. 더밋(Dummett, 1993: 5)에 따르면, 철학이 추구하는 사고분석이 언어분석을 통해 가능하다는 점에서 언어는 철학의 토대가 되며, 분석철학은 언어적 전회와 더불어 탄생한 것이다. 그리하여 분석철학은 흔히 '언어적 철학(linguistic philosophy)'이라 불린다.

셋째, 분석철학은 '언어의 명료성'을 추구한다. 분석철학을 방법론의 철학이라 하거나 언어적 전회라고 할 때, 가장 핵심이 되는 활동은 언어를 분석하여 명료화하는 활동이다. 아리스토텔레스가 철학을 '이론적 인식(ἐπιστήμη θεωρική)'으로 규정한 이후, 서양 철학은 오랫동안 주로 실재가 무엇인지를 밝히는 이론적 인식에 목적을 두어 왔다. 이에 비해 분석철학은 형이상학적 실재를 규명하는 일보다는 그들이 사용하는 언어의 의미를 명백히 밝히기 위한 논리적 · 문법적 해명 활동에 목적을 두고 있다.

넷째, 분석철학은 '개념분석'에 관심을 가진다. 물론 서구의 철학이 분석에 관심을 가지지 않는 것은 아니다. 예컨대, 후설(E. Husserl)의 현상학적 분석, 하이데거(M. Heidegger)의 존재론적 분석처럼, 철학자들은 누구나 할 것 없이 분석에 관심을 두고 있다. 이에 비해 분석철학자들은 언어의 의미와 개념을 분석하는 데 관심을 두고 있다는 점에서 기존의 철학자들과 다르다. 이 점에서 분석철학의 주요 특징 중 하나는 언어의 논리적 분석 또는 개념적 분석이라고 할 수 있다.

다섯째, 분석철학은 논리적 분석 방법, 논리적 사고, 논리적 글쓰기를 중시한다. 모든 철학은 논리적 분석과 논리적 글쓰기에 관심이 있다. 그러나 여타의 철학이 자신의 주장을 설득력 있게 하기 위한 방편으로 논리적 분석과 논리적 글쓰기에 관심을 가진다면, 분석철학의 핵심적 활동은 논리적 분석과 논리적 글쓰기 그 자체에 있다고 할 수 있다. 분석철학자들은 자신들이 주장하고자 하는 논지와 자신의 논지를 정당화해 주는 명제들 사이에 성립하는 논리적 관계를 중시한다.

여섯째, 분석철학은 대체로 과학적 · 합리적 성격을 띤다. 논리실증주의에서 보듯이, 분석철학은 과학적 설명이나 지식이 제공하는 세계의 모습을 올바른 것으로 간주하고, 이를 합리적이고 체계적으로 설명하려는 경향을 보인다. 분석철학이 형이상학을 완전히 거부하는지의 문제에 관해서는 논쟁의 여지가 있지만, 형이상학 체계를 형성하는 것보다는 건전한 상식과 과학에 비추어 합리적이고 체계적으로 설명하는 데 초점을 둔다는 점은 비교적 분명하다. 이러한 경향은 분석철학 초기보다 많이 완화되기는 하였지만, 분석철학이 지니는 과학적 · 합리적 성격은 전반적으로 분석철학자들을 식별해 주는 중요한 특징으로 볼 수 있다.

일곱째, 분석철학은 철학이라는 활동을 삶이나 경험 그 자체에 직접 관심을 가지기보다는 과학자들이 사용하는 언어에 대한 분석과 비판에 관심을 가진다. 이 점에서 분석철학은 '이차적 성격'을 띠며 '반성적 활동의 성격'을 지닌다고 할 수 있다. 분석철학이 가진 이차적 · 반성적 활동은 고도로 이론적이라고 할 수 있으며, 따라서 현실과 실천으로부터 다소 유리될 수밖에 없다. 최근에 부각되고 있는 '실천철학'의 등장은 분석철학이 고도로 추상적이고 이론적이어서 일상의 삶이나 실천과 괴리되어 있다는 점에 대한 일종의 반발로 볼 수 있다.

여덟째, 분석철학은 역사성을 간과하는 경향을 지닌다. 이러한 사실은 두 가지 점에서 찾아볼 수 있다. 하나는 분석철학이 철학의 역사에 나타나 있는 철학적 사조나 철학이론에 관심을 가지고 그것을 이해하는 데 목적을 두기보다는 언어나 개념 혹은 주장을 명료화하는 데 관심을 가진다는 점이다. 다른 하나는 분석철학에서 강조하는 언어의 의미나 개념분석은 언어나 개념의 역사적 용법을 분석하는 것이라기보다는 우리가 일상적으로 사용하고 있는 말의 용법을 분석한다는 점이다. 분석철학은 100년 이상의 역사를 가진 학문이니만큼 다양한 흐름과 주장이 존재한다. 따라서 분석철학을 이해하기 위해서는 그에 관한 역사적 이해가 필요하지만, 그것이 분석철학의 주요 특징이라고 볼 수는 없다.

이상에서 제시한 분석철학의 주요 특징들은 일반 사람들에게 분석철학이 무엇인지를 설명하는 데 유용하다. 이러한 특징들은 분석철학자들이 대체로 공유하고 있는 것이기도 하다. 예컨대, 철학의 문제는 근본적으로 개념의 문제로 보는 점, 개념의 불명료성과 애매성은 주로 언어사용에서 비롯된다고 보는 점, 철학의 문제를 해결하는 데 있어서 개념분석이 중요하다고 보는 점, 언어의 의미와 개념 이해는 일상언어의 용도를 분석하는 것이 핵심이라는 점, 형이상학적 진술이나 가치 주장보다는 진위를 판별할 수 있는 과학적 · 논리적 명제를 중시한다는 점 등이다. 그러나 앞에서 제시한 분석철학의 일부 특징에 대해서 이의를 제기하는 분석철학자들이 존재하며, 심지어 분석철학의 특징으로 제시된 많은 것이 분석철학의 오해에서 비롯된 것이라 주장하기도 한다. 가령, 분석철학은 과학주의적 태도를 견지하며 형이상학을 거부한다는 주장, 분석철학은 철학사를 간과한다는 주장 등이 그에 해당한다. 그러므로 앞에서 제시한 분석철학의 특징은 분석철학이 무엇인지를 '가족유사성'의 형태로 제시한 것이고, 비유컨대 '풍자만화(caricature)'와 유사하다. 풍자만화는 분석철학의 전모를 정확하게 보여 주지는 못하지만, 주요 특징을 직관적으로 드러낸다. 그러나 이러한 것들이 실지로 분석철학의 개념적 기준인지, 필요조건 혹은 충분조건인지에 관해서는 엄밀한 검토와 논의가 요청된다.

제 3 장

분석철학의 역사적 전개 과정

앞 장에서 분석철학이 무엇인지를 주로 개념분석을 통해 밝혔다면, 이 장에서는 분석철학의 역사적 전개 과정을 살펴봄으로써 분석철학이 무엇인지를 드러내고자 한다. 이 일은 단순히 분석철학이 어떻게 발전되어 왔는지를 파악할 수 있게 할 뿐만 아니라, 분석철학이 어떤 성격의 학문인지를 더 풍성하게 이해할 수 있게 한다. 분석철학은 하나의 역사적 현상으로서, 철학의 전통 내에 단일한 주장이 지속되고 있는 것이라기보다는 다양한 관점을 지닌 분석철학자들이 상호 논쟁에 참여함으로써 그것이 하나의 실천 전통을 이루고 있는 것으로 볼 수 있다. 그러므로 분석철학이 무엇인지를 탐색하기 위해서는 분석철학의 오랜 역사와 다양한 주장들 간에 존재하는 가족유사성을 탐색할 필요가 있다.

철학의 혁명으로서 분석철학이 시작된 것은 20세기 무렵부터이다. 학문으로서 분석철학이 언제 누구에 의해 시작되고 발전해 왔는지, 분석철학의 전개 과정 혹은 발전 과정을 어떻게 구분해야 하는지의 문제에 관해서는 학자마다 입장이 상이하다. 분석철학의 전개 과정은 크게 전기 분석철학과 후기 분석철학으로 구분할 수도 있고, 그것을 보다 세분화하여 제시할 수도 있다.

그로스(B. R. Gross)는 분석철학을 다음과 같이 다섯 단계로 구분하였다(Gross, 1970: 13-14). 첫째 단계는 분석철학의 정초기로, 무어와 러셀 등이 철학적 문제나 명제들을 명확하게 재구성하는 단계이다. 둘째 단계는 논리원자론으로, 진리함수로 해석될 수 있는 이상적인 형식언어의 환원적 분석을 통해 세계의 모습을 이해하려고 한 단계이다. 셋째 단계는 논리실증주의로, 형이상학을 배제하면서 과학을 설명하는 데 적합한 이상언어를 건설하려 시도한 단계이다. 넷째 단계는 라일(G. Ryle)과 초기 비트겐슈타인에 의해 주도된 시기로, 철학적 문제의 이론화 작업에 대해 비판적인 단계이다. 다섯째 단계는 오스틴에 의해 주도된 일상언어 분석의 시기이다. 이러한 단계 구분은 후기 분석철학을 충분히 반영하고 있지 못하며, 초기 분석철학을 세분화한 것에 불과하다(손병홍, 1993: 221-222).

김동식(2001)은 분석철학의 전개 과정을 그로스의 구분보다 훨씬 확장하여 초기 분석철학, 분석철학의 제2기, 분석철학의 제3기, 분석철학의 제4기로 구분하여 제시하고 있다. 대체로 앞의 두 시기가 '전기 분석철학'에 해당한다면, 뒤의 두 시기는 '후기 분석철학'에 해당한다고 말할 수 있다.

전기 분석철학의 단계에 해당하는 '초기 분석철학'은 철학적 담론에서 언어적 전회를 통해 철학적 혁명을 이루는 시기이다. 이 시기의 분석철학에 해당하는 것으로는 반형이상학이라는 기치를 내세우는 '검증원리(principle of verification)'로 대표되는 논리실증주의, 의미론과 기호논리학을 활용한 철학의 주요 개념분석과 논리학이나 수학 그리고 물리학의 언어를 중시하면서 심리주의와 전통철학을 비판하는 이상언어학파 등이 여기에 해당한다. '분석철학의 제2기'는 오스틴, 설(J. Searle), 후기 비트겐슈타인, 라일, 스트로슨 등으로 대표되는 '일상언어학파'의 시기이다. 이 시기의 분석철학은 인공적인 이상언어 대신 우리가 사용하고 있는 일상언어를 철학적 논의의 대상으로 삼았다.

후기 분석철학의 시기에 해당하는 '분석철학의 제3기'는 전체론의 관점에서 분석주의와 환원주의를 비판하고 관찰의 이론 의존성을 강조하면서 원초적 번역의 불확정성을 주장하였던 콰인, 콰인의 개념체계 자체를 도그마라고 비판하면서 내용과 형식의 구별을 반대한 데이빗슨(D. Davidson), 상대주의적 분석철학 경향을 비판하면서 언어의 의미를 인과적 연쇄로 설명되어야 할 인지적 논의의 대상으로 보는 인과적 지시이론의 크립키(S. Kripke)와 퍼트남(H. Putnam) 논의 등이 이에 해당한다. '분석철학의 제4기'는 1980년대 중반 이후 분석철학자 내부에서 분석철학을 비판적으로 성찰해 나간 시기라고 볼 수 있다. 이 시기의 대표적인 철학자인 로티(R. Rorty)는 신실용주의 입장과 포스트모더니즘 입장에서 분석철학을 비판하였다. 분석철학은 정초주의의 한 형태로, 과학을 중시하는 진리 담론으로서는 언어의 사회적 성격이나 비인지적 측면을 제대로 수용하기 어렵다는 점, 그리고 분석철학자들이 언어의 논리, 문법, 규칙성 등을 강조한 것에는 언어에 대한 '합리적인 설명'이 가능하다는 점을 논리적으로 가정하고 있다. 그러나 포스트모더니즘 입장을 견지하고 있는 철학자들은 그러한 분석철학을 로고스 중심주의의 한 변형에 불과할 뿐이라고 비판한다.

이 장에서는 앞에서 언급한 분석철학의 시기 구분을 대체로 따르면서 다음과 같은 순서로 논의한다. 즉, 분석철학의 선구자들은 누구이며, 그들의 주요 주장은 무엇인지, 초기 분석철학의 주요 학파와 주장은 무엇인지, 분석철학의 대표자인 비트겐슈타인의 철학을 전기 철학과 후기 철학으로 나누어 그것이 어떻게 다른지를 살펴본다. 그리고 후기 분석철학은 어떻게 발전 혹은 쇠퇴해 갔으며, 또한 어떻게 새로운 방향을 모색해 가고 있는지를 탐색한다.

1. 분석철학의 선구자들

'분석철학'이라는 공식적 용어는 1930년대에 네이글에 의해 처음 사용되었다. 그러나 분석철학은 그 이전에 이미 활발히 전개되고 있었기 때문에 정확히 언제 누구에 의해서 시작된 것으로 보아야 하는지는 분명하지 않다. 한 가지 분명한 사실은 비트겐슈타인을 빼고 분석철학을 논의할 수 없을 정도로 그가 분석철학의 형성과 발전에 결정적인 영향을 미쳤다는 점이다. 여기서는 비트겐슈타인 이전의 많은 학자 가운데 초기 분석철학의 형성에 영향을 미친 프레게, 러셀, 무어 등의 선구자들을 탐색한다.

1) 프레게

러셀이나 무어가 본격적으로 분석철학적 작업을 수행하기 전에, 프레게는 사실상 분석철학의 형성에 중대한 영향을 미쳤다. 프레게는 『산술학의 기초(Grundlagen der Arithmetik)』(1884)에서 수의 본질이 무엇인지를 밝히는 것은 숫자가 나타나는 명제의 분석을 통해서 가능하며, 낱말의 의미는 명제의 맥락 속에서 드러난다고 보았다. 프레게는 최초로 명제 논리학과 술어 논리학을 제시함으로써 '논리주의(logicism)'의 선구자로 불린다(강진호, 2007: 111). 그는 기본적으로 모든 수학(기하학을 제외한)이 논리학으로 환원될 수 있다고 보는 입장을 취하고 있다. 프레게는 수학의 개념을 논리적인 용어로 정의하고, 자명한 논리적 원리로부터 여러 명제를 추론하려고 시도하였다(Glock, 2008: 28). 그는 이러한 시도를 통해 명제는 경험이나 직관에 의존하는 것이 아니라 이성과 논리적 분석에 의존한다는 점을 보여 주고자 하였다. 프레게는 수학이 선험적 직관에 토대를 두고 있다는 칸트의 주장, 그리고 이와는 달리 귀납적 일반화에 두고 있다는 밀의 경험주의 견해를 동시에 비판함으로써 논리주의를 정립하였다(Glock, 2008: 30).

프레게의 형식 논리체계에서 수학의 모든 공리가 아무런 모순 없이 논리적으로 도출될 수 있다는 결과에 대한 증명은 흔히 '프레게의 정리(Frege's Theorem)'라 불리며, 그의 주요한 업적으로 평가받고 있다. 그러나 콰인은 이러한 프레게의 논리주의를 비판한다. 그에 따르면, 프레게의 논리체계는 진정한 논리학이라기보다는 수학의 한 분야인 집합론의 변형된 형태에 불과하다(강진호, 2007: 113-114).

프레게는 또한 의미의 문제와 관련하여 단어와 문장을 구분하지 않고 문장을 단어 혹은 '이름(name)'으로 환원하였다. 우리는 일반적으로 단어들이 모여 문장을 구성하고, 문장의 의미는 단어들의 의미 조합으로 설명할 수 있다고 생각하지만, 프레게가 보기에 문장은 특별한 종류의 '이름'이다. 이름이 항상 지시 대상이 있듯이, 문장도 지시 대상이 있다. 그가 문장을 이름으로 환원한 것은 다음과 같은 근거 때문이었다. 프레게는 표현을 다른 표현들에 의존하지 않고 존립할 수 있는 '충족적인 표현(saturated expression)'과 다른 표현에 의존해서만 존립할 수 있는 '비충족적인 표현(unsaturated expression)'으로 구분하였다. 그에 따르면, 단어와 문장이 충족적인 표현이라면,

술어는 비충족적인 표현이다. 그러므로 술어는 문장을 통해서만 의미를 드러낼 수 있다(문장수, 2011: 290).

2) 러셀

러셀은 1870~1930년 사이에 지배적이었던 브래들리(Bradely)와 맥타가르트(McTaggart)로 대표되는 영국 관념론(British idealism)에 한동안 심취해 있었다. 영국 관념론은 눈에 보이는 개개의 사물들은 '외양(appearance)'에 불과하며, 그 이면에는 보편적인 '실재(reality)'가 있다는 헤겔의 절대 관념론의 입장을 견지하였다. 1900년을 전후해서 러셀은 무어와 함께 이러한 절대 관념론에 반기를 들면서 분석철학이 출현하게 되는 결정적 계기를 제공하였다.[1]

프레게와 마찬가지로, 러셀의 입장도 논리주의에 해당한다. 그는 프레게의 논리주의가 지니는 '러셀의 역설(Russell's paradox)'[2]을 주어진 단어들이 의미를 지니는지를 결정하는 규칙 체계인 '유형이론

1) 이에 대해 러셀은 다음과 같이 말하였다. "1898년 말 무어와 나는 칸트와 헤겔에 대해 반기를 들었다. 무어가 앞에서 그 길을 이끌었고 나는 그 길을 바짝 따라갔다"(Russell, 1959: 42).

2) 러셀의 역설은 러셀이 제시한 집합론에 대한 역설로, 집합론에 모순이 없다는 주장에 대해 의문을 제기하는 것이다. 그 역설은 "자기 자신을 포함하지 않는 집합들만 모두 원소로 포함하는 집합 A"이다. 이것은 "만약 집합 A가 자기 자신을 원소로 포함하면, 집합 A는 정의상 자기 자신을 원소로 포함하지 않는다." "만약 집합 A가 자기 자신을 원소로 포함하지 않으면, 집합 A는 정의상 자기 자신을 원소로 포함한다."를 포함한다. 그러므로 "집합 A는 자기 자신을 원소로 포함하면서 원소로 포함하지 않는다."라는 이 문장은 '정의상' 참이지만, '사실상' 거짓이다.

(theory of types)'을 통해 해소함으로써 논리주의 입장을 견지하였다. 그는 논리 방법(logical techniques)을 수학뿐만 아니라 인식론과 형이상학의 문제에도 적용하였다. 러셀은 논리적 분석을 중시하여, 심지어 "모든 건전한 철학은 논리적 분석(logical analysis)에서 시작된다."라고 말할 정도였다(Russell, 1900: 8; Russell, 1914: 14).

그는 논리적 분석의 중요성을 다음과 같이 주장한다.

> 칸트 철학과 헤겔 철학을 버린 이후, 나는 [논리적] 분석 방법으로 철학 문제의 해결책을 모색해 왔다. 나는 현대적 경향이 일부 그와 반대 방향으로 흐르고 있음에도 불구하고, 오로지 [논리적] 분석을 통해서만 진보가 가능하다는 점을 여전히 확고히 믿고 있다(Russell, 1959: 11).

인용문에서 보듯이, 러셀은 철학에서 논리적 분석을 도입한 것이 과학에서 갈릴레오 물리학을 도입한 것에 비견될 만큼, 철학의 진전이라고 생각하였다. 여기서 한 가지 주의해야 할 점은 논리적 분석의 목적이 실재를 분해하는 것이 아닌 불완전하거나 불명료한 언어를 제거하는 것, 즉 명제의 논리적 형식을 드러내는 것에 있다는 사실이다. 그런데 자연언어는 애매성, 대상의 지시 혹은 일치의 실패, 범주 오류 등 명백한 논리적 결함을 지니고 있다. 러셀은 이러한 논리적 결함을 피하기 위해 실재의 형이상학적 구조를 반영하고 있는 '이상언어(ideal language)'로서의 형식체계를 생각하였다. 러셀의 본래 의도와는 달리, 그의 논리주의는 현대 철학에서 중시하는 논리적 분석 방법에 기여하였다(Glock, 2008: 30).

3) 무어

무어는 러셀과 함께 원래 영국 관념론자였으나, 나중에 그러한 관념론에 반발하면서 분석철학의 선구자가 되었다. 무어(Moore, 1898: 199)는 '지나치게 심리학적 관점(too psychological a standpoint)'을 지닌 관념론을 비판하였다. 그에 따르면, 진리나 사고의 대상은 개개인의 마음에 존재하는 심리학적 현상들이 아니다. 어느 편인가 하면, 그것은 앎이나 사고와 독립적으로 존재하는 개념들의 복합체인 '명제(propositions)'이다. 러셀과 마찬가지로, 무어는 관념론자들이 견지하고 있는 한 명제가 진리 체계와 정합을 이루고 있다면 진리라고 보는 '진리 정합설(coherence theory)'을 반박하였다. 그러나 그렇다고 하여 모든 진리 명제가 특정 대상이나 사실을 가리키거나 그것과 일치 혹은 대응한다고 보는 '진리 대응설(correspondence theory)'을 수용한 것은 아니었다. 무어는 마음과 독립된 대상이 있다는 것을 부인하는 관념론을 비판하면서, 명제를 구성하는 개념들은 우리의 마음이나 마음의 활동과 독립적으로 존재하는 것으로 보았다(Moore, 1899: 4-5; Glock, 2008: 31).

무어가 보기에, 철학적 질문에 대해 역설적인 대답을 강요하는 영국 관념론의 논의나 주장은 당연한 것으로 받아들여져야 할 성질의 것이라기보다는 그 주장은 질문되어야 한다. 그리고 그것이 무엇을 의미하는지를 밝히는 일, 즉 그 주장에 관한 질문이 정확히 무엇을 의미하는지를 분명히 하는 일을 요청한다. 그리하여 무어는 어떠한 주장 속에 포함되어 있는 명제를 포함한 복잡한 개념들의 분석을 강조한다. 이 점에서 무어의 철학은, 논리적 분석을 강조하는 러셀과는 달리, 개념적 분석을 강조한다고 볼 수 있다. 러셀과 무어 이후, 서양 철학은 '논리적 분석' '철학적 분석' '개념적 분석'이라는 말이 유행하게 되었다. 이러한 점을 고려할 때, 러셀과 무어는 분석철학의 선구자라고 할 수 있다.

2. 초기 분석철학의 주요 학파

분석철학은 엄밀히 말하면 "한마디로 무엇이다."라고 말할 수 있는 공통적인 철학적 이론이나 주장이 없지만, 언어와 개념의 의미를 명료하게 분석하는 것을 중시한다는 점에서 공통적이다. 그러나 분석철학은 언어분석의 특성과 분석철학자들이 주로 활동한 지역에 따라 크게 세 학파, 즉 케임브리지학파, 비엔나학파, 옥스퍼드학파로 나뉘며, 각 학파의 언어나 개념 분석의 특성이 무엇인지에 따라 논리원자론, 논리실증주의, 일상언어학파로 나뉘기도 한다.

1) 케임브리지학파

케임브리지학파는 1900년을 전후해서 케임브리지대학교 트리니티칼리지(Trinity College, University of Cambridge)의 러셀과 무어가 당시의 절대 관념론(absolute idealism)을 비판하면서 그 주장과 개념을 명료화하는 데 관심을 두면서 시작되었다고 할 수 있다. 케임브리지학파의 대표적인 인물로는 러셀, 무어, 비트겐슈타인 등을 들 수 있다. 러셀(Russell, 1914)에 따르면, 건전한 철학은 그것이 무엇을 탐구하든지 간에 '논리적 분석(logical analysis)'에서 출발한다. 세계가 독립된 원자들의 집합으로 이루어져 있듯이, 철학적 언어는 명제로 구성되어 있다. 한 명제는 하나의 사실을 묘사하고 있다. 원자 명제가 지시하는 것은 원자적 사실이다. 그리하여 러셀은 한 명제가 참인지 거짓인지의 여부는 원자 명제의 진위에 달려 있다고 보아, 최소 의미 단위인 원자 명제로 분석하는 것에 관심을 두었다. 이러한 '논리원자론(logical atomism)'의 입장에 따르면, 복잡한 세계는 원자 명제로 환원될 수 있으며, 우리는 그 명제가 지시하는 세계를 이해할 수 있다.

러셀과는 달리, 무어는 절대 관념론자의 "실재는 정신이다."라는 주장에 대해 두 가지 점에서 비판한다. 하나는 개별 사물이나 구체적 대상을 부정하며, 그것은 상식에 어긋난다는 점이다. 다른 하나는 관념론의 절대자, 실재, 정신 등의 개념은 불명확하다는 점이다. 무어가 보기에, "실재는 정신이다."라는 진술의 진위는 원자 명제로 환원함으로써 그 명제가 지시하는 세계를 이해하는 것이 아니라, 우리가 사용하는 상식적인 언어의 의미를 통해 밝혀질 수 있다.

케임브리지학파는 대체로 논리적으로 결함이 있는 자연언어가 아닌 논리적으로 완전한 인공언어인 이상언어에 관심을 가지고 '이상언어 분석'에 초점을 두었다. 러셀은 자연언어가 지니는 애매성의 문제, 그리고 언어가 지시 대상과 관련하여 의미를 지닌다고 보는 '언어 지시설(referential theory)'이 지니는 논리적 결함에서 벗어나기 위해 '이상언어(ideal language) 분석'을 강조하였다. 러셀과 달리, 비트겐슈타인(Wittgenstein, 1922)은 자연언어의 결함을 이상적 언어에서 찾기보다는 논리적 분석을 통한 언어의 비판 활동을 강조하고 있다. 그는 언어가 대상과 세계를 있는 그대로 묘사한다고 보는 '그림 이론(picture theory)'의 견해를 취한다.

2) 비엔나학파

비엔나학파는 모든 인간 지식이 경험에 토대를 두고 있다는 영국 경험론과 분석철학의 선구자인 프레게, 러셀, 비트겐슈타인에 영향을 받아 '논리적 경험주의' 입장을 견지하고 있다. 비엔나학파는 1930~1960년 사이에 자기 의식적인 철학운동을 펼친 점에서 분석철학의 일파로 볼 수 있다. 비엔나학파를 대표하는 인물로는 카르납(R. Carnap), 에이어, 노이라트(O. Neurath), 슐릭(M. Shlick), 헴펠(C. G. Hempel) 등을 들 수 있다.

비엔나학파는 경험주의를 발전시키기 위해 심리적 분석이 아닌 '논리적 분석'을 통해 경험, 실재, 언어의 요소들을 확인하는 데 초점을 두었다(Carnap et al., 1929). 비엔나학파는 모든 의미 있는 문장은 경험적으로나 논리적으로 검증 가능해야 한다는 '검증주의(verificationism)' 입장을 취하고 있다. 검증주의에 따르면, 우리가 사용하는 언어나 문장은 진위가 분명하게 드러나야 하며, 그러기 위해서는 우리가 사용하는 언어나 문장이 '검증원리(the principle of verification)'에 충실해야 한다. 이 점에서 비엔나학파는 흔히 '논리실증주의(logical positivism)'라 불린다.

논리실증주의는 검증원리를 금과옥조로 여기며, 검증원리를 충족시키는 검증 가능한 명제만이 의미가 있다고 본다. 예컨대, "총각은 결혼하지 않은 성인 남자다."와 같은 분석적 · 개념적 문장, 그리고 "1919년에 3.1운동이 일어났다."와 같은 사실적 · 경험적 문장은 검증원리를 충족시키며, 따라서 의미가 있는 문장이다. 이와는 달리, "서울은 아름다운 도시이다."처럼 가치를 진술하는 문장이나 "하나님은 삼위로 존재한다."와 같은 형이상학적 문장은 검증원리를 충족시키지 못하기 때문에 원칙상 의미가 없다. 카르납이 보기에, 철학은 기본적으로 '과학의 논리(the logic of science)'에 관한 학문이고, 과학의 논리가 추구해야 할 일은 의미 있는 과학의 명제들을 논리 · 언어적으로 분석(the logico-linguistic analysis)하는 것이다(Carnap, 1937: 279).

논리실증주의는 검증원리에 충실한 문장을 사용할 것을 주장함으로써 언어와 명제를 명료화하는 데 공헌하였다. 그러나 논리실증주의는 과학과 철학 사이에는 질적인 차이가 있다는 점에서 "과학에서의 철학의 지위가 무엇인가?"라는 철학과 과학, 철학적 방법과 과학적 방법의 관계가 분명하지 않다는 비판, 모든 언어는 심지어 과학적 언어조차도 언제나 검증할 수 있는 것은 아니라는 비판, 정서적이거나 도덕적인 문장 그리고 형이상학적 문장은 제외되어도 좋은가라는 비판에 직면할 수밖에 없다. 논리실증주의는 1930년대에 전성기를 맞이했으나 주요 인물들이 사망하거나, 비엔나를 중심으로 활동해 왔던 논리실증주의자들 대부분이 나치의 압제를 피해 미국으로 이주함으로써 원동력을 잃게 되었다. 그렇지만 논리실증주의는 미국에서 과학철학이 발전하는 계기를 제공하였다.

3) 옥스퍼드학파

옥스퍼드학파는 비트겐슈타인 후기 철학과 직접적인 관련이 있다. 1929년 케임브리지로 다시 돌아온 비트겐슈타인은 자신의 전기 철학의 핵심 주장인 이상언어 분석과 언어가 대상과 세계를 묘사한다는 그림 이론을 비판하고, 우리가 일상적으로 사용하고 있는 언어의 쓰임새를 중시하였다. 1930~1970년 사이에 활발하게 활동했던 옥스퍼드학파는 비트겐슈타인이 공부하고 활동했던 케임브리지대학교보다는 오히려 옥스퍼드대학교에서 활성화되면서 영국 전역에 중대한 영향을 미쳤다. 옥스퍼드학파의 대표적 인물로는 라일, 오스틴, 스트로슨 등을 들 수 있다.

옥스퍼드학파는 철학의 문제를 근본적으로 언어의 의미와 관련된 개념의 문제로 본다. 그리하여 그들은 '개념분석(conceptual analysis)' 혹은 '언어적 철학(linguistic philosophy)'이라 불리기를 선호한다. 라일은 개념분석을 강조하였으며, 철학의 과업은 우리가 사용하는 개념들의 '논리적 지형도(logical geography)'를 그리는 데 있다고 보았다. 옥스퍼드학파의 철학은 개념에 대한 의미를 논의한다는 점에서 '메타 학문'이라고 할 수 있다(Ryle, 1949: 9-10). 과학이 사실적 문제에 관심을 가진다면, 철학은 개념적 문제에 관심을 가진다. 일상언어 분석철학자들이 보기에, 개념분석은 결코 사소한 일이 아니며, 정상적인 상황 속에서 주요한 개념들이 사용되는 방식에 주의를 기울이는 것은 건전한 철학의 전제조건이다.

언어에 관한 체계적 설명을 하는 '언어의 철학(philosophy of language)'과는 달리, '언어적 철학(linguistic philosophy)'은 철학의 제

영역의 문제를 해결하기 위한 방법론이다. 옥스퍼드학파는 두 가지 측면에서 케임브리지학파가 견지하고 있는 '언어 지시설'을 비판한다. 하나는 모든 단어가 반드시 대상을 지시하는 것은 아니라는 점이고, 다른 하나는 단어가 대상을 지시하는 경우에서조차 단어의 의미는 그 표현들이 의미하는 대상이 아니라는 점이다. 단어의 의미는 별도로 존재하는 실재라기보다는, 언어의 규칙에 따른 그것의 용법이다(Wittgenstein, 1953: §43). 즉, 언어의 의미는 별도로 주어져 있는 것이라기보다는 우리가 일상적으로 사용하고 있는 언어의 쓰임새이며, 이것을 흔히 '용도 의미론(use theory)'이라 부른다. 이러한 점 때문에 옥스퍼드학파는 흔히 '일상언어학파'로도 불린다.

그러나 비트겐슈타인이 보기에, 언어는 단지 실재를 있는 그대로 묘사하는 것에 그치는 것이 아니라 질문과 명령 그리고 다양한 언어 게임을 포함하고 있다. 이 점에서 언어는 추상 체계라기보다는 사회적 삶의 형식에 붙박여 있는 인간의 실천 전통(a human practice)이다(Wittgenstein, 1953: §23). 그러므로 명제의 설명은 단지 논리적 원자의 배열로는 불가능하다. 언어는 사물과 일대일 대응 관계를 논리적으로 가정하지 않는다. 모든 언어가 대상을 지시하는 것이 아닐 뿐만 아니라 언어가 대상들을 지시하고 있는 경우에도 언어의 의미는 반드시 그 표현들이 의미하는 대상이 아니라는 점에서 그림이론이 가정하고 있는 언어 지시설은 잘못된 것이다. 비트겐슈타인의 후기 철학과 옥스퍼드학파 철학은 공통적으로 언어의 의미를 모종의 실재라기보다는 언어의 규칙에 따른 그것의 용법으로 본다(Wittgenstein, 1953: §43). 이 점에서 옥스퍼드학파가 언어와 개념의 의미를 파악하기 위해 우리가 일상적으로 사용하고 있는 언어의 쓰임새와 용법의 분석을 강조하는 것은 어쩌면 당연하다.

옥스퍼드학파는 철학의 문제를 언어에 나타나 있는 개념의 문제로 보았다. 즉, 개념을 소유한다는 것은 특정 표현의 의미를 아는 것이다. 개념은 시공을 초월해 존재하는 실재라기보다는 우리가 사용하는 단어들의 추상이다. 옥스퍼드학파는 자연언어를 재구성하거나 인위적인 언어로 대치하는 대신, 그 개념을 명료히 함으로써 철학의 문제를 해결하려고 하였다. 철학의 문제에서 논리적 분석과 환원적 분석이 제거되면 남는 것은 개념분석이다. 라일에 의하면, 철학은 우리가 일상적으로 사용하는 개념들의 논리적 지형도를 그리는 일이다. 라일은 철학이 개념에 대한 의식으로 보는 '메타 학문'이라는 점을 수용하였다(Ryle, 1949: 9-10). 오스틴은 언어에 대한 체계적 접근 방법인 발화행위 이론(speech act theory)을 제시하였다. 비트겐슈타인과 라일처럼, 오스틴도 언어가 단지 사실을 기술하거나 보고한다는 주장이 '기술적 오류(descriptive fallacy)'를 범하고 있다고 비판하였다. 그에 따르면, 모든 논리는 설명될 필요가 있으며, 이것은 우리가 이미 이해하고 있는 일상 용어의 분석에 의해서만 가능하다.

옥스퍼드학파는 일상언어의 용도 분석을 강조한다. 일상언어를 분석하는 방식은 학자마다 조금씩 상이할 수 있지만, 가장 대표적인 방법은 개념분석이다. 개념분석 방법은 우리가 일상적으로 사용하는 개념들의 논리적 지형도를 그리는 것에서 출발한다. 우리가 철학 문제를 제대로 해명하려면, 철학적 주장에 들어 있는 주요 개념들이 사용되는 맥락과 방식에 세심한 주의를 기울이는 것이 선행되어야 한다. 라일은 개념분석을 강조하였으며, 철학의 과업은 우리가 사용하는 개념들의 논리적 지형도를 그리는 것으로 보았다. 이 점에서 철학은 개념의 의미를 분석하고 논의하는 '메타 학문'이라고 할 수 있다(Ryle, 1949: 9-10). 과학이 사실적 문제에 관심을 가진다면 철학은 개념적 문제에 관심을 가진다. 비트겐슈타인에 의하면, 인간이 숙지해야 할 것은 철학적 반성 과정에서 잘못 이끌어진 규칙이다. 일상언어 분석철학자들이 보기에 개념분석은 결코 사소한 추구가 아니다. 어느 편인가 하면, 철학적 개념을 명료하게 설명하는 것은 복잡한 일이기 때문에 그 사용되는 방식에 주의를 기울이는 것은 건전한 철학을 추구하기 위한 전제조건이다.

3. 비트겐슈타인의 분석철학

분석철학의 출발점을 누구로 보아야 할 것인지에 대해서는 논쟁의 여지가 있지만, '철학의 혁명'으로서 분석철학의 본격적인 시작이 비트겐슈타인에서 비롯되었다고 보는 데는 별 이의가 없을 것이다. 비트겐슈타인을 언급하지 않고 분석철학에 대해 말하는 것은 거의 불가능하며, 이 점에서 비트겐슈타인은 사실상 분석철학의 아버지라 할 수 있다. 비트겐슈타인은 1911년 케임브리지대학교의 트리니티칼리지에 와서 러셀의 제자가 되었지만, 얼마 지나지 않아 가장 영향력 있는 분석철학자가 되었다. 비트겐슈타인의 철학은 흔히 『논리철학 논고(Tractatus Logico-Philosophicus)』(1922)로 대표되는 전기 철학과 『철학 탐구(Philosophical Investigations)』(1953)로 대표되는 후기 철학으로 나뉜다. 그의 전기 철학과 후기 철학은 논쟁의 여지가 있지만 그 성격이 다소 다른 것으로 간주되고 있다. 비트겐슈타인의 전기 철학이 언어가 세계를 묘사하는 것으로 보는 그림 이론이라면, 그의 후기 철학은 언어는 일상적인 인간의 삶의 구체적 맥락 속에서 사용되는 쓰임새라는 용도 의미론(use theory)이라고 할 수 있다.

1) 비트겐슈타인의 전기 철학

프레게와 러셀은 일찍부터 논리주의를 주장하였지만, 논리의 본질이 무엇인지에 대해서는 여전히 불명료한 채로 남겨 두고 있었다. 비트겐슈타인은『논리철학 논고』에서 이러한 논리의 본질에 대한 대안적 견해를 제시하고 있다. 논리의 본질은 밀(J. S. Mill)이 주장하듯이 귀납적 일반화도 아니고, 플라톤주의자들이 말하듯이 실재의 편재된 특징에 대해 사람들이 어떻게 생각하는지를 기술하는 것도 아니다. 그것은 또한 프레게나 러셀이 가정하듯이 독특한 논리적 실체의 이름이 아니다. 어느 편인가 하면, 그러한 명제들은 실재에 관해 아무것도 말해 주지 않는다는 점에서 공허한 동어반복(tautologies)에 불과하다.

비트겐슈타인에 의하면, 모든 의미 있는 명제들은 논리적으로 독립적인 원자 명제로 분석될 수 있으며, 그러한 명제들을 더 이상 분석될 수 없는 실재의 가장 단순한 구성 요소가 바로 '이름(names)'인 것이다. 비트겐슈타인은 철학을 명제들의 궁극적 구성 요소들의 논리적 분석과 동일시하며, 이러한 논리적 분석이 곧 실재를 건설하는 일이라고 본다는 점에서 러셀과 다르지 않다. 실재의 구성 요소가 감각적 인식의 대상이라고 본 러셀과 달리 비트겐슈타인의 논리적 분석의 목적은 대상의 본질을 확립하는 데 있는 것이라기보다는 우리가 실재를 표상할 수 있으려면 대상이 반드시 존재해야 한다는 것을 보여 주는 데 있었다. 『논리철학 논고』의 목적은 언어를 통해 사고의 한계를 드러내는 데 있었다. 사고는 지적 과정이나 추상적 실재라기보다는 실재를 투사해 온 명제와 문장들 그 자체이다. 사고는 언어로 표현될 수 있고, 사고의 한계는 오로지 언어를 통해 묘사될 수 있다. 이 점에서 철학은 사고의 언어적 한계를 드러냄으로써 사고의 한계를 밝히는 과정이라고 할 수 있다.

러셀은 자연언어의 논리적 결함과 한계에서 벗어날 수 있는 이상언어에 관심을 가지고 이상언어의 분석을 강조하였다. 이에 비해 비트겐슈타인은 자연언어는 실재가 공통적으로 가져야 할 논리적 구조를 나타낸다고 보고, '그림 이론'을 통해 언어적 표상의 전제조건을 파악하려고 시도하였다. 그가 보기에 언어의 논리적 구조는 실재의 형이상학적 구조와 동일하며, 명제의 본질은 사물이 어떠한가를 묘사하고 기술하는 것이다.

비트겐슈타인은 『논리철학 논고』에서 경험적 명제야말로 가능한 사태를 기술하고 있다는 점에서 의미가 있으며, 따라서 적절하게 분석될 수 있다고 본다. 경험적 명제와는 달리, 논리적 명제는 아무것도 말해 주는 바가 없다는 점에서 의미가 없다고 보아야 하며, 형이상학적 주장은 '난센스(nonsense)'라고 할 수 있다. 이 점에서 『논리철학 논고』는 표면상 난센스에 해당하는 것을 비판한 것으로 볼 수 있다. 철학은 철학적 이론이나 주장(doctrine)을 제시하거나 확립하는 것이라기보다는 '활동(an activity)', 즉 논리적 분석을 통한 언어의 비판 활동이라고 할 수 있다. 비트겐슈타인에 따르면, "철학은 이론(theory)이 아니라 활동(activity)"이며, "철학의 결과는 '철학적 명제들(philosophical propositions)'이 아니라 명제들을 명료하게 하는 것"(Wittgenstein, 1922: 4.112)이다. 비트겐슈타인이 보기에, 철학은 한편으로는 의미 있는 과학적 명제들을 명료하게 하고, 다른 한편으로는 형이상학적 문장들이 '난센스'라는 점을 드러내는 활동이다. 그러므로 철학은 그 목적을 성취한 후에는 거기에 안주해 있어서는 안 된다. 비유컨대, 사다리를 타고 지붕에 오른 후에는 사다리를 던져 버려야 한다(Wittgenstein, 1922: 4.0031, 4.12, 6.53-54).

『논리철학 논고』는 '말할 수 있는 것(saying)'과 '말할 수 없는 것', 즉 단지 '보일 수 있는 것(showing)'을 구분함으로써, 말할 수 없고 오직 보일 수 있는 것을 말로 표현하고자 하는 사람들로부터 보호하려는 시도이다. 그리하여 비트겐슈타인이 『논리철학 논고』에서 한 일은 철학적 명제를 주장하거나 제시하는 것이 아니라 그러한 명제들을 명료하게 해명하는 것, 즉 사고의 논리적 명료화(Wittgenstein, 1922: 4.112) 활동이다. 이 점에서 이 책에서 그가 제시한 철학적 명제는 무엇을 주장하거나 특정 내용을 제시하기 위한 것이라기보다는 그 명제를 명료화하기 위한 활동에 불과하다. 그러므로 이러한 사실을 이해한 사람은 그 명제가 그 자체로는 무의미하다. 따라서 비유컨대 사다리를 딛고 지붕에 오른 사람에게 사다리는 다시 지상으로 내려오려는 사람에게만 필요하며, 그럴 생각이 없는 사람에게는 더 이상 쓸모가 없는 것이므로 던져 버려야 할 성질의 것이다.

이상에서 보았듯이, 비트겐슈타인의 『논리철학 논고』로 대표되는 전기 철학은 모든 명제가 더 분석될 수 없는 원자로 구성되어 있고, 자연언어의 한계를 극복할 수 있는 '완전한 이상적 언어'에 관심을 가지며, 언어의 그림 이론, 즉 실재를 반영하는 것으로서 명제와 그것을 분석하는 데 관심이 있었다. 비트겐슈타인의 전기 철학은 사고의 한계를 보여 주는 데 목적이 있으며, 그 사고의 한계는 언어적 한계를 확립함으로써 가능하다고 보았다. 사고는 실재를 투사하는 언어, 즉 명제와 문장들로 표현될 수 있으며, 사고의 한계는 오로지 '언어 속에서' 드러날 수 있다. 그리하여 비트겐슈타인은 철학을 명제들의 구성 요소에 대한 논리적 분석과 동일시하였다. 요컨대, 비트겐슈타인의 전기 철학은 언어의 '그림 이론', 즉 실재를 반영하는 것으로서의 명제와 그것의 분석에 관심을 가졌다. 그러나 이러한 세계, 언어, 논리의 본질에 관한 『논리철학 논고』에 나타난 주장은 분석철학이 특정 이론을 형성하거나 제시하는 데 있는 것이 아니라는 주장과 충돌하는 측면이 있다.

전기 철학의 또 다른 논쟁거리는 형이상학을 말할 수 없는 영역으로 난센스에 속하는 것으로 보느냐의 문제이다. 이 문제는 비트겐슈타인의 다음 구절을 어떻게 이해하느냐에 따라 그 대답이 달라질 수 있다.

> 나를 이해하는 사람이라면, 만일 그가 나의 명제들을 통해 그것들을 딛고 올라간다면, 그는 결국 나의 명제들을 무의미한 것으로 인식하게 된다(즉, 그는 사다리를 딛고 올라간 후에는 그 사다리를 던져 버려야 한다).
>
> 그는 이 명제들을 넘어서야 한다. 그렇게 할 때 그는 세계를 올바르게 볼 수 있다(Wittgenstein, 1922: 6. 54).

비트겐슈타인의 이 언명은 지금까지 『논리철학 논고』에서 말한 전체의 주장을 뒤엎는 것이다. 대부분의 독자는 이 언명에 대해 러셀이 이 책의 영역본 서문에서 말한 것과 같은 '지적 불편함(intellectual discomfort)'을 느끼게 되고, 몇 가지 의문을 제기하게 된다(강진호, 2007: 118). 그것은 『논리철학 논고』에 나타나 있는 명제 전체가 잘못된 것인가, 아니면 이 마지막 부분의 언명이 잘못된 것인가? 이 책에 나타나 있는 모든 명제를 무의미한 것으로 받아들여야 하는가, 아니면 일종의 역설로 이해되어야 하는가? 등이다. 만일 『논리철학 논고』에 나타나 있는 모든 명제를 무의미한 것으로 받아들이게 되면, 비트겐슈타인의 이론 형성이나 이론 제시에 대한 부정적 입장과 반(反)형이상학적 입장은 잘 드러날 수 있지만, 이 마지막 부분을 제외한 이 책의 모든 주장은 폐기해야 한다. 이와는 달리 마지막 부분의 언명을 일종의 역설로 받아들인다면, 비트겐슈타인의 진정한 의도는 이 책을 읽는 독자에게 『논리철학 논고』에 나타난 여러 명제의 무의미성, 즉 그 명제들에 대해 아무 의미도 부여할 수 없다는 사실을 스스로 깨닫도록 하는 데 있었다고 볼 수 있다. 이 주장이 타당하다면 언어의 한계를 넘어선 절대적인 지식을 찾으려고 하는 철학적 열망은 결코 충족될 수 없을지 모른다. 비트겐슈타인이 이 언명을 통해서 참으로 강조하고자 한 포인트는, 피커(Ludwig von Ficker)에게 보낸 편지에 나타나 있듯이, '윤리적인 것'이라는 것을 역설적으로 드러낸 것으로 볼 수 있다. 이 편지에서 비트겐슈타인은 『논리철학 논고』에 제시한 것과 그 책의 서문과 결론에 암시되어 있지만 논의하지 않은 것이 있다고 말하면서, 후자의 것이 더 중요하다고 말하고 있다(김여수, 1984: 23-24).

2) 비트겐슈타인의 후기 철학

비트겐슈타인의 후기 철학은 『철학 탐구(Philosophical Investigations)』(1953)에 잘 나타나 있다. 그의 전기 철학과 후기 철학이 단속적인지, 연속적인지에 대해서는 여전히 논쟁 중인 사항이다. 한 가지 분명한 사실은 비트겐슈타인의 『철학 탐구』는 이전의 『논리철학 논고』에서 범하고 있는 오류를 완전히 뒤집든지 보완하든지 간에 바로잡으려 했다는 점이다. 비트겐슈타인은 『철학 탐구』의 머리말에서 자신이 『논리철학 논고』에서 "중대한 오류(grave mistakes)"를 범했다고 인정하고 있다(Wittgenstein, 1953: viii). 그중 하나는 철학적 문제를 해결하기 위해 이상언어를 추구함으로써, 일상언어에서 떠나 길을 잃게 된 데 있다. 이러한 난점을 해소하는 방식은 언어의 "형이상학적 사용으로부터 그것들의 일상적인 사용으로 다시 돌려보내는 것"(Wittgenstein, 1953: §116)이다. 비유컨대, 그것은 "파리에게 파리통에서 빠져나갈 출구를 보여 주는 것"(Wittgenstein, 1953: §309)이다. 비트겐슈타인이 보기에, 모든 철학적 문제를 해결하는 출발점은 철학을 뒤덮고 있는 오용된 언어의 구름을 걷어 내는 것이다(Wittgenstein, 1953: §315). 그것은 다름 아닌 우리가 일상적으로 사용하고 있는 언어를 명료하게 하는 것이다.

비트겐슈타인 후기 철학의 주요 특징은 이상언어보다 일상언어에 관심이 있다는 점이며, 이 점에서 흔히 '일상언어 철학'이라고 불린다. 그가 보기에, 철학이 해야 할 일은 다른 것이 아니라 우리가 일상적으로 사용하고 있는 언어를 명료화하는 일이다. 언어는 정의되는 것이라기보다는 사용되는 것이며, 일상언어를 명료화하는 일은 우리가 일상적으로 사용하고 있는 말의 쓰임새 혹은 용도를 분석함으로써 가능하다. 이러한 용도 의미론은 비트겐슈타인 후기 철학의 특징을 잘 드러내고 있다. 여기서 일상언어의 용도를 분석한다고 할 때, 우리는 다음 두 가지 점을 주의할 필요가 있다. 하나는 여기서 말하는 일상언어가 우리가 매일 사용하는 모든 일상언어라기보다는 철학적으로 중요한 언어 혹은 개념이라는 점이다(White & White, 2001: 17). 다른 하나는 비트겐슈타인이 말하는 '용도'라는 말은 좁은 의미의 '용법'이라기보다는 '세계' 그 자체라는 점이다. 이 점에서 언어의 의미는 일상언어의 용도를 분석함으로써 알 수 있으며, 그것은 결국 그 말을 사용하는 사람의 '삶의 형식(forms of life)'에 비추어 이해되고 해석될 수밖에 없다.

우리가 직면하고 있는 대부분의 철학적 문제는 우리가 사용하고 있는 일상언어를 분석함으로써 어느 정도 해소할 수 있다. 그러나 철학 문제를 근본적으로 해결할 수 있는 것은 더 이상 별도의 철학이 필요 없게 되는 단계여야 비로소 가능할지 모른다. 여기서 말하는 철학의 진정한 종언은 철학이 인간의 삶에서 완전히 사라지는 것이 아니라, 오히려 인간의 삶과 세계 속으로 자연스럽게 녹아들어가서 일상적 삶이 곧 철학적 삶이 되고, 철학적 삶이 곧 일상적인 삶이 되는 단계이다(이영철, 2013: 131). 이러한 비트겐슈타인의 후기 철학 아이디어는 자신이 공부했던 케임브리지대학교보다도 오히려 '일상언어학파'라 불리는 옥스퍼드대학교에서 활기를 띠었다(유재봉, 2002b: 481-482).

이상에서 보았듯이, 분석철학의 역사는 대체로 비트겐슈타인의 철학 변화와 그 맥을 같이한다. 비트겐슈타인의 철학은 흔히 『논리철학 논고』로 대표되는 전기 철학과 『철학 탐구』로 대표되는 후기 철학으로 대별되며, 양자 간에는 철학의 성격이 다소 상이하다. 비트겐슈타인의 전기 철학이 그림 이론에 토대를 둔 '이상언어 분석'에 관심이 있다면, 후기 철학은 용도 의미론으로 표현되는 '일상언어 분석'에 관심이 있다. 우리가 사용하는 '분석철학'이라는 용어는 주로 비트겐슈타인의 후기 철학의 입장, 즉 우리가 일상적으로 사용하고 있는 말의 용도를 분석함으로써 언어의 의미를 명료하게 하는 탐구 행위를 의미한다.

비트겐슈타인의 후기 아이디어는 1930년대부터 1960년까지 영국 철학에 중대한 영향을 미쳤다. 특히 그의 후기 철학은 일상언어 분석을 중시하는 라일, 오스틴, 스트로슨 등으로 대표되는 옥스퍼드학파에 의해 계승되었다. 옥스퍼드학파는 철학의 문제를 언어에 나타나 있는 개념의 문제로 보았다. 개념을 소유한다는 것은 그 특정 표현의 의미를 안다는 것을 의미한다. 옥스퍼드학파는 일상언어의 개념들을 재구성하거나 인공적인 언어로 대치함으로써가 아니라 '명료히 함'으로써 철학의 문제를 해결하려고 하였다(Glock, 2008: 42).

제 4 장

분석철학의 새로운 방향 모색

분석철학은 영국과 미국을 대표하는 철학이지만, 그 전개 양상이나 성격 면에서 다소 상이하다. 영국은 분석철학의 본고장이니만큼 발생 초기부터 분석철학이 전통철학을 급격히 대치해 나갔다면, 미국은 다양한 학문적 배경과 자생적 철학의 영향으로 분석철학의 수용과 발전이 느린 편이었다. 그리고 영국의 분석철학이 일상언어의 용도를 분석하는 비트겐슈타인 후기 철학의 영향이 지배적이었다면, 미국의 분석철학은 경험주의적이고 과학적인 성격을 띤 콰인 철학의 영향이 강하였다. 콰인 철학(1953) 이후, 미국은 데이빗슨, 크립키(Kripke), 퍼트넘 등에 의해 세계 분석철학 논의를 주도해 나갔다고 볼 수 있다.

그러나 분석철학은 20세기 후반에 접어들면서 분석철학 바깥에서의 비판뿐만 아니라 내부에서도 여러 도전에 직면하게 된다. 이러한 비판과 도전에 대해 분석철학은 종언을 고하거나, 아니면 새로운 방향을 모색할 수밖에 없었다. 초기 분석철학은 협의의 언어나 개념 분석에 치우쳤다. 그러나 시간이 지나면서 분석철학은 개념이나 의미 분석에서 마음을 분석하는 등의 범위를 확대하기도 하고, 그동안 소홀히 다루어 왔던 역사성이나 형이상학의 문제에 새로운 관심을 가지기도 하였으며, 과학철학이나 심리철학의 영역으로 관심을 확대하였다. 그러므로 이 장에서는 미국을 중심으로 전개되고 있는 후기 분석철학의 주요 논쟁점을 밝히고, 대내외적인 비판에 대해 분석철학이 언어분석에서 과학철학, 심리철학, 형이상학으로 관심을 확대해 가는 과정을 탐색한다. 이러한 과정에서 분석철학이 종언을 고

했는지의 문제를 논의한다.

1. 후기 분석철학

분석철학은 1970년 이전까지는 철학의 제 영역의 문제를 해결하기 위해 주로 개념분석이나 언어적 철학에 관심을 집중했다. 이 당시 분석철학자들은 언어를 복잡한 규칙 체계로 취급하여 개념분석을 통해 언어의 의미를 명료화하는 데 관심을 가졌다. 그러나 후기 분석철학자들은 언어를 인간 활동의 하나로 보며, 행위나 행동으로서의 언어의 의미를 강조한다(Strawson, 1971: 171-172). 실용주의적 의미론자인 콰인과 그의 제자 데이빗슨(Davidson, 1984)은 사회적 인간 행동의 형식으로서의 언어를 강조한다. 영국 중심의 전기 분석철학의 양상과는 달리, 후기 분석철학은 미국 철학자들이 주도해 나갔다고 할 수 있다. 후기 분석철학은 콰인의 철학을 극복하고 수정해 나가는 과정이라고 볼 수 있으며, 대표적인 후기 분석철학자들로는 콰인, 데이빗슨, 크립키 등을 들 수 있다.

1) 콰인의 전체주의 의미론

후기 분석철학의 시발점을 제공한 학자는 콰인으로 볼 수 있다. 콰인은 「경험주의의 두 가지 독단(Two Dogmas of Empiricism)」(1951)이라는 논문으로 유명하게 되었다. 이 논문은 논리실증주의가 가정하고 있는 두 가지 토대, 즉 분석적 명제와 종합적 명제의 구분 그리고 환원적 분석을 비판하였다. 콰인은 기존의 철학이 추구하고 있었던 플라톤의 실재, 아리스토텔레스의 본질, 칸트의 순수이성에서 벗어난 '언어적 전회'야말로 철학의 고유한 역할이라고 보았다. 비트겐슈타인을 비롯한 분석철학자들은 과학과 철학 사이에 근본적인 차이가 있는 것으로 보았다. 과학이 후험적인 '사실적 문제'에 관심이 있다면, 철학은 선험적인 '개념적 문제'에 관심이 있다.

그러나 콰인은 철학과 과학, 분석과 종합 등의 전통적 구분 방식에 의문을 제기하면서, 선험적인 학문조차도 궁극적으로 경험에 토대를 둔다는 입장을 취하고 있다. 분석과 종합의 구분에 대한 콰인의 비판은 경험주의의 두 번째 도그마, 즉 모든 의미 있는 문장은 그것을 확인하는 즉각적 경험에 관한 문장으로 번역할 수 있다는 '환원주의'를 논리적으로 가정하고 있다. 콰인은 분석과 종합, 선험적인 것과 경험적인 것을 엄격히 구분하는 것을 비판한다. 그는 모든 신념이 궁극적으로 경험과 연결된 망으로 구성되어 있다는 자연주의 입장을 견지하고 있다. 철학은 자연과학의 한 영역, 보다 구체적으로 메타 철학적 자연주의라 할 수 있다. 참된 지식은 자연과학 바깥에 존재하지 않으며, 자연과학이야말로 실재의 유일한 기준이 된다. 미국에서는 콰인의 영향으로 자연주의 철학이 정통의 위치를 차지하게 되었다(Glock, 2008: 45-46).

콰인은 과학적인 틀 안에서 행동에 대한 상식적인 기술을 의미 있게 만들기 위해 분석에 대한 논증을 발전시켰다. 콰인이 보기에, 모든 인식은 불완전하고, 잠정적이며, 수정 가능하므로, 정신에 관한 모든 기술은 관찰할 수 있는 언어적 사실과 외적 환경에 관한 경험적 사실로 환원시킬 수 있다(문장수, 2011: 293). 콰인에 따르면, 의미는 비결정적인데, 여기에는 세 가지의 불확정성, 즉 의미의 불확정성, 번역의 불확정성, 지시 대상의 불확정성이 들어 있다. '의미의 불확정성'이란 단어의 의미가 문장 안에서 결정된다는 주장이다. 문장의 의미는 그 문장을 포함하는 문맥에 의해 결정되고, 문맥은 전체 이야기 속에서 결정되며, 이야기는 그가 사용하는 언어의 전체 구조에 의해 결정된다는 것이다. 콰인은 언어의 의미가 바깥의 경험적 사실들에 근거한다는 점에서 경험론으로 볼 수 있다. 그러나 이때의 경험은 개별 경험보다는 총체적인 경험이라는 점에서 '전체주의(holism)' 입장을 견지하고 있다. 이러한 의미의 불확정성은 '번역의 불확정성'을 초래한다. 언어는 외부 세계와 개별적으로 대응하는 것이 아니라, 구조적으로 대응한다. 따라서 한국어가 외부 세계에 대응하는 관계와 영어가 의식 세계에 대응하는 관계는 다를 수 있다. 예컨대, Mr. Kim과 Ms. Park 등은 학교의 맥락에서는 단순히 그가 누구이든 김씨 성을 가진 남자인 김 군, 박씨 성을 가진 여자인 박 양을 의미하는 것이 아니라 김 선생님과 박 선생님을 뜻한다. 번역의 불확정성은 '지시 대상의 불확정성'에서 비롯된다는 것이다. 우리는 무엇인가를 번역할 때 항상 전체적 일관성을 유지하는 해석을 부여한다는 점에서 '전체론적(holistic)'이다. 콰인에 따르면, 언어학자가 외국어를 자신의 언어로 번역할 때 전체 이론에 비추어 번역하듯이, 아이들이 모국어를 배우고 아이가 부모의 말을 이해하는 과정도 총체적으로 이루어진다(문장수, 2011: 294-296).

그러므로 콰인이 보기에 단어의 의미는 문장 전체에 비추어 결정될 수밖에 없고, 문장은 그 문장이 속한 전체의 맥락 속에서 결정된다. 모든 문장은 개별 단어의 의미에 의해 진위가 결정되는 것이 아니다. 단어의 의미에 의해 전체 문장이 참이 되는 분석문장은 없으며, 필연적으로 참이라는 점을 선험적으로 인식할 수 있는 그런 문장도 없다. 모든 명제는 전체 맥락 속에서 그 의미가 결정되므로, 분석명제와 종합명제의 구분도 그 의미가 약화될 수밖에 없다(문장수, 2011: 298).

요컨대, 콰인은 경험주의가 가지고 있는 두 가지 독단, 즉 분석적인 것과 종합적인 것, 선험적인 것과 후험적인 것의 전통적 구분 방식, 그리고 의미 있는 인식과 기술은 경험으로 환원할 수 있다는 환원주의를 비판한다. 그가 보기에 환원주의와 검증주의는 논리실증주의의 아킬레스건일 뿐만 아니라 언어철학과 과학철학의 한계이기도 하다(Glock, 2008: 46).

2) 데이빗슨의 선험주의 의미론

데이빗슨의 의미론은 콰인의 의미론을 비판적으로 검토하는 것에서 출발한다. 그 비판은 다음의 상호 관련된 두 가지 점, 즉 '경험론'의 문제와 '개념 틀'의 문제이다.

먼저, 콰인의 경험론의 문제이다. 주지하다시피, 콰인은 「경험주의의 두 가지 독단」에서 분석적인 것과 종합적인 것으로 구분하는 '이분법'과 의미의 토대를 경험으로 환원하는 환원주의를 비판했다. 콰인에 따르면, 분석적인 것은 그와 유사한 개념인 필연성 등의 개념을 사용하고 있으므로 순환성의 문제에서 벗어나지 못한다. 그러므로 분석적인 것의 진위 판별을 반박할 수 없다는 주장은 타당하지 않다. 분석명제의 내용을 구성하는 논리적인 것, 의미적인 것, 개념적인 것, 이론적인 것은 경험적인 것과 긴밀하게 관련되어 있기 때문이다. 지식을 경험적인 것으로 환원하려는 것은 논리실증주의의 독단에 불과하다. 그 이유는 우리가 사용하는 언어가 외적 경험으로 환원될 수 없는 복합적인 연쇄망을 이루고 있기 때문이다.

콰인은 분석판단과 종합판단이라는 이원론적 유산을 청산함으로써 경험론의 독단에서 벗어나려고 하였다. 그러나 데이빗슨이 보기에, 콰인은 여전히 문장과 외적 경험이라는 이원론에서 벗어나고 있지 못한다. 이것은 콰인이 언급하지 않고 있는 경험주의의 세 번째 독단이다. 데이빗슨이 보기에, 문장의 진리성의 토대가 외적 경험이라는 통념은 일종의 환상에 불과하다. 진리는 비언어적인 차원인 외적 경험에 토대를 두는 것이라기보다는 일종의 언어적 차원인 원초적 믿음의 차원에 토대를 두어야 한다는 것이다. 즉, 문장은 경험 그 자체에 의해 진리가 되는 것이 아니라, 경험이 이러저러하다는 사태로 말미암아 진리가 된다고 할 수 있다(문장수, 2011: 298-300).

다음으로, 콰인의 개념 틀에 관한 문제이다. 콰인에 따르면, 언어적 틀은 외적 세계를 번역하는 데 완전하지 못하지만, 외적 세계를 번역하기 위해서는 언어의 개념 틀을 점진적으로 수정 · 보완해야 한다. 이 개념 틀은 언어적일 수밖에 없으며, 언어적인 것은 또한 번역할 수 있다. 언어가 세계를 번역할 수 있으려면, 양자는 동일한 개념 틀을 가져야 한다. 그러므로 데이빗슨이 제시하는 '대안적 개념 틀'은 언어적일 수밖에 없으며, 따라서 대안적 개념 틀도 다른 언어로 번역될 수 있어야 한다.

번역 가능성의 문제는 결국 어디까지가 언어이고 개념인지의 문제로 환원된다. 언어의 기준을 경험의 조직화와 경험과의 적합성이라고 주장하는 콰인의 옹호론자들과 달리, 데이빗슨은 번역 가능성이 개념 틀의 기준이라고 주장한다. 그에 따르면, 진리 개념은 비언어적인 경험 자체에 의존하는 것이 아니라 믿음과 같은 번역 가능한 언어에 의존한다. 그러므로 문장과 외적 경험 사이에 성립하는 대응은 다름 아닌 문장과 문장 사이의 논리적 관계이다. 따라서 모든 개념 틀은 다른 개념 틀로 번역할 수 있어야 하지만, 콰인이 주장하는 개념 틀은 번역할 수 없는 틀이므로 자기모순이라는 것이다(문장수, 2011: 301-302).

3) 크립키의 설명 의미론

해석이란 타자를 주관적으로 이해하는 과정으로, 콰인에 의하면 그것은 의미를 획득하기 위한 불가피한 수단이다. 해석은 나의 관점과 타인의 관점 사이에 일치점을 찾는 것으로, '자비의 원리(principle of charity)'가 적용된다. 따라서 '사실에 관한 지식'을 바탕으로 해석되는 문장들은 최대한 참인 문장으로 해석해 주어야 한다. 그러나 선행 지식이 없는 상태에서 누군가가 외적 언어 환경에 대면하여 언어의 의미를 획득하는 과정은 전적으로 주관적인 추측에 의존할 수밖에 없다. 언어의 의미를 획득한다는 것은 '사실에 관한 지식'을 전제하고, 콰인의 의미론은 사적인 경험을 전제한다는 점에서 그가 추구하는 전체주의와 충돌한다.

그러나 크립키에 의하면, 우리가 의미를 획득하기 위해 수행해야 하는 근본적인 과제는 자비의 원리에 근거한 추론적 해석이 아니라, 나와 타자 사이에 가로놓여 있는 경험이라는 공통 기반을 설명하려는 노력이다. 설명은 인간과 세계 사이의 관계를 묘사함으로써 타인의 사고와 문장에 의미를 부여한다. 여기서 모든 설명의 근본적인 토대는 감각 지각이다. 설명이나 해석은 개념 틀의 차이에 따라 다를 수 있지만, 이론 틀 사이에 상호 번역은 가능하다. 예컨대, 뉴턴 역학의 모든 공식은 아인슈타인의 상대론적 공식의 관점에서 새롭게 번역하고 재해석할 수 있다. 결국 데이빗슨은 번역의 불확정성을 주장하는 콰인을 비판하면서 번역 가능성을 대안으로 제시하고 있는 셈이다. 데이빗슨은 의미의 토대가 감각적 지각이 아니라 언어적 의미라고 본다는 점에서 선험주의 입장이라고 볼 수 있다(문장수, 2011: 302-303).

분석철학의 주요 의미론들은 고유명사와 보통명사를 구분하기를 거부하면서 모든 명사를 술어들의 집합으로 환원하려고 한다는 점에서, 그리고 감각적 지각으로서의 표상 내용보다 언어적 개념의 우선성을 인정하려고 한다는 점에서 언어적 · 개념적 관념론의 입장으로 볼 수 있다. 그러나 언어적 이해 이전에 행동적 이해가 있으며, 행동적 이해는 다시 감각-지각적 표상에 근거한다. 그러므로 언어적 의미론은 인지적 의미론으로 보완되어야 한다(문장수, 2011: 306).

데이빗슨이 보기에, 문장의 의미의 토대는 믿음이고, 믿음의 토대는 문장이라는 순환적 관계를 지니고 있다. "믿음을 정당화하는 근거는 그 믿음을 포함하는 믿음의 총체에서 비롯되어야 하기 때문이다"(Davidson, 1983: 319). 데이빗슨은 "원인(cause)을 근거(reason)로, 인과관계를 정당화의 관계로, 비언어적 관계를 언어적 관계로 파악하는 것은 중대한 잘못"이라고 본다(문장수, 2011: 307; Davidson, 1983). 콰인의 견해와 달리, 우리는 '의미에 관한 사실'을 언급할 수 있을 뿐만 아니라, 명제에 포함되어 있는 특정 단어의 의미 때문에 참이 되는 명제가 있을 수 있다. 주지하듯이, '샛별'은 '금성'을 지칭하고 '석별'도 '금성'을 일컫는 이름이다. 따라서 "샛별은 석별이다."(p)라는 명제는 단어 의미가 진짜이기 때문에 참인 명제가 된다. '샛별'과 '석별'이 모두 '금성'을 지칭하는 이름이라면, 문장 p는 필연적인 진리이다(문장수, 2011: 308).

콰인이 번역의 불확정성을 주장한다면, 데이빗슨은 번역 가능성을 주장한다. 크립키가 보기에 의미는 화자들이 놓인 환경에 비추어 인과적 연쇄로 설명되어야 할 성질의 것이다. 그러므로 크립키의 설명 이론은 그림 이론이나 이름의 의미보다는 인과적·역사적 맥락 속에서 이해되어야 하는 의미론이라고 할 수 있다.

2. 분석철학의 확장

분석철학은 철학의 핵심이 세계를 묘사하는 언어에 있다고 보고, 언어의 의미와 개념분석에 집중하였다. 그러다가 1980년대를 전후하여 분석철학에 대한 여러 비판에 직면하게 되었다. 이에 후기 분석철학자들은 초기 분석철학자와는 달리 분석철학이라는 이름을 고집하기보다는 다양한 철학의 영역에 분석철학적 방법을 적용하는 방식으로 변화를 모색하게 되고, 그들의 철학적 관심사도 언어와 개념분석에 한정된 것에서 벗어나 관심사를 확대하였다. 그 대표적인 것이 논리실증주의를 극복하려고 시도한 과학철학, 언어에서 마음의 문제를 확대한 심리철학, 초기에 난센스인 것으로 치부하여 거부한 형이상학에 대한 재조명 등이다.

1) 과학철학과 역사성

비엔나를 중심으로 활동하던 주요 논리실증주의자가 미국으로 이주함에 따라 논리실증주의의 성격이 변하기 시작하였고, 그 결과 미국에서 과학철학이 발달하는 계기를 제공하였다. 그러나 논리실증주의에서 금과옥조로 여겨 왔으나 동시에 많은 비판을 받아 온 환원주의와 검증주의는 미국의 과학철학에서도 문제가 되었다. 콰인 이외에도 이러한 문제를 제기하고 극복하기 위한 과학철학자들로는 포퍼(K. Popper)와 쿤(T. Kuhn), 파이어아벤트(P. Feyerabend) 등이 있다.

포퍼(Popper, 1959)는 논리실증주의에서 강조하는 검증주의 의미기준을 세 가지 점에서 비판하였다. 첫째, 형이상학적 사색이 과학적 연구에 자극을 준다는 측면에서 과학을 형이상학으로부터 분리하는 것은 가능하지도 바람직한 것도 아니라는 점이다. 둘째, 철학에서 유의미한 구분은 의미와 무의미의 구분이라기보다는 경험과학과 다른 학문의 구분이라는 점이다. 셋째, 이러한 구분 기준 자체가 검증원리의 기준을 만족시키지 못한다는 점이다. 과학의 법칙들은 수많은 사례가 개입되기 때문에 쉽게 검증될 수 없다. 포퍼에 의하면, 과학의 본질은 오히려 '오류 가능성(falsifiability)', 즉 경험적 자료에 의해 오류가 드러날 수 있어야 한다. 과학은 귀납적 일반화보다는 대담한 추측(conjectures)과 그것을 반증하는 자료에 비추어 반박함(refutations)으로써 진전된다. 과학이론의 형성이 무역사적 활동이라는 논리실증주의자와는 달리, 포퍼는 과학이론이 지속적인 추측과 반박을 통해 일련의 합리적 과정을 거치면서 발전한다고 봄으로써 과학의 역사적 요소를 도입하였다.

그러나 쿤(Kuhn, 1962)과 파이어아벤트(Feyerabend, 1975)는 과학이론이 지속적인 추측과 반박을 통해 점진적으로 발전한다는 포퍼의 주장을 비판하였다. 그들에 따르면, 과학의 역사는 열등한 것에서 점점 우등한 것으로 합리적 전환이 이루어지는 것이 아니다. 어느 편인가 하면, 과학적 현상을 설명할 수 없는 변칙 현상들이 증가하여 기존의 패러다임으로 과학적 현상을 설명하는 것이 더 이상 불가능하게 되면, 기존의 패러다임에서 새로운 패러다임으로 '패러다임 전환(paradigm-shifts)'이 이루어지는 것이다. 예컨대, 뉴턴 패러다임으로 대부분의 과학 현상을 설명할 수 있는 상태에서 설명할 수 없는 과학적 현상들이 점차 증가하게 되면, 그것을 설명할 수 있는 새로운 패러다임, 가령 아인슈타인 패러다임으로 전환되는 것이다. 포퍼가 점진적 · 합리적 과학이론의 형성을 강조하였다면, 쿤과 파이어아벤트는 급진적 · 혁명적 과학이론의 형성을 강조했다. 또한 포퍼가 과학이론의 형성이 점진적으로 진전되어 가는 것으로 보았다면, 쿤과 파이어아벤트는 나중의 과학이론이 이전의 것보다 반드시 객관적으로 낫다는 보장이 없다고 보았다.

쿤과 파이어아벤트는 '발견의 맥락'과 '정당화의 맥락'을 구분하는 칸트에 대해서 비판하면서, 과학철학은 무역사적 · 무시간적인 것보다는 역사와 과학에 관한 것으로 보았다. 그리하여 1970년대 이후 과학철학은 방법론에 관심을 집중하였다(Glock, 2008: 47).

2) 심리철학과 개념의 확대

분석철학의 초기 관심사는 언어와 개념 자체에 한정되었으나, 이후 점차 언어 이면에 있는 마음에까지 관심을 확대하였다. 그라이스(Grice, 1989)와 설(Searle, 1969)은 언어를 의도적 행동의 형식으로 보았으며, 오스틴(Austin, 1962)은 언어철학을 행위 철학의 한 영역으로 보았다. 그리하여 분석철학은 심리철학 혹은 마음의 철학의 하위영역으로 의미론적 개념분석보다는 의도와 같은 심리학적 개념에 관심을 확대하였다(Glock, 2008: 54).

심리철학의 문제는 분석철학의 가장 갈급하고 중요한 부분이 되었고, 실지로 오늘날 많은 분석철학자가 심리철학 논의를 주도하고 있다. 데카르트 이후 근대철학의 중요한 주제는 몸과 마음의 관계를 어떻게 보아야 하는지의 문제였다. 데카르트에 의하면, 존재하는 모든 것은 '사유 실체(res cognitans)'와 '연장 실체(res extensa)'로 나뉜다. 마음의 본질인 사유가 비물질적 실체라면, 몸의 본질인 연장성(extentio)은 물질적 실체이며, 데카르트는 마음이 몸보다 우위에 있어서 그것을 지배한다고 보았다. 이 점에서 진정한 인간의 정체성을 드러내는 것은 연장 실체인 몸이라기보다는 사유 실체인 마음이다(유재봉, 2020: 5; Kenny, 1989: 7). 라일이 지적했듯이, 데카르트의 관점에서 보면, 마음은 '기계 속의 유령(the ghost in the machine)'과 같은 존재로서, 유령이 기계를 움직이듯이 마음은 몸을 움직이고 조정한다(Ryle, 1949: 15ff).

데카르트의 심신실체이원론에서 논란이 되고 문제가 되는 것은 심신의 실체 문제와 정신 인과의 문제이다. 이 문제를 해결하기 위한 것이 최근 심신 이론의 지배적인 패러다임을 형성하고 있는 '물리주의(physicalism)'이다. 물론 물리주의 입장 간에도 다양한 스펙트럼이 존재하고, 분류 방식도 다양하다. 예컨대, 물리주의는 각 이론의 유형이나 특성에 따라 행동주의, 심신동일론, 기능주의, 수반이론 등으로 나뉘기도 하고, 정신적인 것이 물리적인 것으로 환원되느냐의 여부에 따라 환원주의(행동주의와 유형동일론)와 비환원주의(기능주의와 제거주의)로 나뉘기도 하며, 정신적인 속성과 물리적인 속성의 구분 여부에 따라 속성일원론(환원주의와 제거주의)과 속성이원론(비환원적 물리주의)으로 나뉘기도 한다. 그러므로 물리주의 입장이 무엇이라고 단정적으로 말하기는 어렵지만, 실체로 존재하는 것은 몸처럼 물리적인 것밖에 없으며, 오로지 물리적인 것에만 인과가 가능하다는 점에서 공통적이다(유재봉, 2020: 9-10). 이러한 물리주의 주장을 압축적으로 제시하면 다음 네 가지 명제로 표현할 수 있다.

- 이 세계의 시공간 내에서 실체로 존재하는 것은 오로지 물리적인 것뿐이다.
- 실체로 존재하는 것은 물리적인 몸뿐이므로, 비물리적인 마음은 실체로 존재하지 않는다.
- 인과는 오로지 물리적인 것 혹은 물리적인 것 사이에만 일어난다.
- 비물리적인 마음이 존재한다고 하더라도, 그것은 물리적인 것에 인과적 영향을 미칠 수 없다(Kim, 2005; 하종호 역, 2007).

분석철학자들은 과학철학과 더불어 심리철학의 영역에서 가장 활발하게 활동하고 있다고 볼 수 있다. 라일을 비롯하여 데이빗슨,

차머스(D. Chalmers), 퍼트넘, 김재권(J. Kim), 데닛(D. Dennett), 처칠랜드(P. Churchland), 클라크(A. Clark) 등 많은 분석철학자가 심리철학에 관한 다양한 주장과 논의를 정교화시켜 오고 있다.

3) 형이상학과 존재론의 부활

미국의 후기 과학철학은 초기 논리실증주의자가 견지해 왔던 검증원리를 강조하는 검증주의 의미 기준을 철회함으로써 난센스로 취급되어 온 형이상학이 부활할 수 있는 계기를 제공하였다. 논리실증주의가 퇴조함에 따라 현대 분석철학은 여러 형이상학적 주제, 가령 '자유의지와 결정론의 문제' '보편자의 문제' '인격 동일성'의 문제 등을 논의하였다.

논리실증주의자인 카르납은 존재에 관한 질문을 철학적 질문과 과학적 질문으로 엄격히 구분하였다. "수(numbers)는 존재하는가?"와 같은 질문이 철학적 질문이라면, "중성미자(neutrinos)가 있는가?"라는 질문은 과학적 질문이다. 카르납은 존재에 관한 질문은 과학적 질문으로 보고, 특정 언어체계 내에서 대답하려고 하였다(Glock, 2008: 48). 콰인도 존재론에 대해 자연주의적 접근을 취하고 있으나, 그의 자연주의는 사변적 형이상학과 자연과학의 경계가 모호하다(Quine, 1951: 20). 콰인에 따르면, 철학은 실재와 우주의 존재를 추구하기는 하지만, 직접적으로 혹은 독립적으로 추구하기보다는 과학이 세계를 발견하도록 돕는 방식을 취한다. 이 점에서 철학은 과학과 연속적이라고 할 수 있다. 논리실증주의자들이 형이상학적 문제를 회피하기 위해 이상언어에 관심을 가졌다면, 콰인의 이상언어는 '과학의 형이상학(the metaphysics of science)'을 드러내는 데 목적이 있었다. 이 점에서 콰인의 자연주의는 형이상학을 배제하거나 형이상학과 양립 불가능한 것이 아니라고 볼 수 있다(Glock, 2008: 47-48).

스트로슨도 옥스퍼드의 일상언어학파처럼 우리가 일상적으로 사용하고 있는 언어의 용법에 관심을 가졌다. 그러나 그는 이후에 『개별적 인간(Individuals)』에서 '기술적 형이상학(descriptive metaphysics)'으로 전환하였다. 기술적 형이상학이란 "세계에 대한 우리의 사고구조를 있는 그대로 기술하는 것이다"(Strawson, 1959: 9). 이것은 전통적 형이상학에서처럼 세계의 추상적 특징을 밝히는 것이 아니라 세계에 대한 사고와 '개념구조'의 전제조건을 해명한다는 점에서 '수정 형이상학(revisionary metaphysics)'이라고 할 수 있다. 기술적 형이상학은 선험적 논의의 아이디어를 재생하며, 선험적 논의는 당사자 자신의 의심을 포함하여 의미 있는 전제조건들에 질문을 제기한다.

콰인은 필연적 · 분석적 · 선험적이라는 것이 서로 무관한 것이 아니라고 보았다. 콰인과는 달리, 크립키(Kripke, 1980: 34-39)는 필연적인 것은 형이상학적 범주이고, 분석적인 것은 논리적인 범주이며, 선험적인 것은 인식론의 범주로 보았다. 만일 진리가 경험과 무관하게 독립적으로 알려진다면, 그것은 선험적인 것이라고 할 수 있고, 그것이 모든 가능 세계에서 진리라면 필연적이며, 그것이 의미상 진리라면 분석적이다. 크립키의 '실재주의 의미론(realist semantics)'에 의하면, 가능 세계는 이 세계가 지금까지 존재해 왔을 법한 방식이다. 그는 실재이거나 추상적인 모종의 것이라는 가능 세계의 실존에 관한 형이상학을 말함으로써 형이상학을 부활시켰다

(Glock, 2008: 50). 요컨대, 콰인의 존재론적 개념이 세계에 실존하는 것에 관한 질문을 부활시켰다면, 크립키의 실재주의 의미론은 가능세계의 실존을 언급함으로써 분석철학 내에서 형이상학을 부활시켰다고 할 수 있다.

3. 분석철학의 종언: 새로운 방향 모색

20세기 동안 분석철학은 영국과 미국을 비롯한 영어권 국가에서 지배적인 철학의 위상을 차지하고 있었다. 그러나 20세기 후반에 접어들면서 분석철학에 대한 끊임없는 비판들이 존재해 왔다. 분석철학에 대한 비판은 분석철학 외부에서뿐만 아니라 분석철학 내부에서도 제기되어 왔다. 분석철학 내부에서의 비판은 크게 두 가지이다. 하나는 분석철학이 그 정체성을 잃게 된 점이고, 다른 하나는 분석철학이 활력을 상실한 점이다.

분석철학의 정체성과 관련하여, 라이트(Wright, 1993)는 분석철학이 철학의 혁명으로부터 졸업하는 과정에서 그 고유한 모습을 잃게 되었고, 그 결과 분석철학과 대륙 철학의 구분이 모호하게 되었다고 보았다. 분석철학의 활력 상실과 관련하여, 퍼트넘(Putnam, 1985)은 분석철학이야말로 참된 철학이라고 주장한다는 것은 논리실증주의가 그렇듯이 일종의 허세에 불과하다고 보았다. 그는 분석철학이 참된 철학으로서 지위를 누리기 위해서는 지속적인 혁신과 활성화가 요청되지만, 분석철학이 그에 응답하지 못하면서 점차 활력을 잃게 되었다고 진단하였다. 설(Searle, 1996)도 분석철학이 '혁명적인 소수 관점(a revolutionary minority point of view)'에서 '기성의 주류 관점(the conventional establishment point of view)'으로 전환되는 과정에서 분석철학은 다소 활력을 잃고 쇠퇴하게 되었다고 인정하였다(Glock, 2008: 1-2).

후기 비트겐슈타인의 철학, 쿤의 반실증적·반실재론적 입장, 콰인과 데이빗슨의 경험주의 도그마 비판과 상위 담론체계의 거부 등에서 볼 수 있듯이, 분석철학자들은 스스로 현학적이며, 언어 관념론에 빠지면서 영향력을 상실해 갔다. 이렇듯 분석철학이 쇠퇴하게 된 것은 논리학·수학·과학에 지나치게 치우친 점과 언어분석의 지나친 전문화와 분석적 방법의 한계 때문으로 볼 수 있다(김혜숙, 1991: 275, 281). 오늘날의 분석철학은 그것이 무엇인지에 관해 명쾌하게 대답하는 것이 불가능할 지경이라는 점에서 철학의 역사에서 실패한 개혁의 역사로 볼 수 있다(김혜숙, 1991: 272). 그리하여 분석철학은 철학을 완성하기보다는 오히려 막다른 길에 이르게 된 것이다.

다른 한편, 콰인에 따르면 분석철학은 칸트의 문제의 틀에서 벗어나지 못하고 있다. 분석철학의 관심사인 언어와 세계, 개념적(필연적)인 것과 경험적(우연적)인 것, 개념구조와 내용, 개념과 감각 등의 구분은 사실상 칸트의 구분인 개념/직관, 분석적/종합적 구분에 토대를 두고 있다. 콰인은 분석철학에서 당연한 것으로 받아들여져 왔던 필연적인 명제인 분석적인 명제와 우연적인 명제인 종합적인 명제 사이의 구분을 비판함으로써, 자신의 철학 토대를 스스로 무너뜨리고 있다(Quine, 1951). 물론 콰인의 이러한 비판에 대해 우리는 여전히 두 명제 간의 구분이 성립한다고 반론을 제기할 수 있다. 분석성은 언어적 개념이고, 필연성은 형이상학적 개념이며, 선험성은 인식론적 개념이기 때문에, 분석적인 것 · 필연적인 것 · 선험적인 것은 모순 없이 함께 사용할 수 있다는 대응이 그것이다(손병홍, 1993: 236).

그런데 로티는 분석철학의 종언을 선고하였다. 여기서 한 가지 밝혀 두어야 할 것은 로티가 단순히 분석철학만 비판하는 것이 아니라 전통철학 전체를 비판하고 있다는 점이다. 로티는 『철학과 자연의 거울(Philosophy and the Mirror of Nature)』(1979)에서 넓게는 철학, 좁게는 분석철학에 대해서 회의적으로 보고 있다. 그에 따르면, 철학은 세계 전체를 있는 그대로 비추고 묘사하는 '거울'이어야 한다. 로티는 철학이 세계를 온전히 그려 주어야 하는 일에 실패하고 있다는 점에서 그 생명을 다했다고 선언하였다. 특히 로티는 분석철학에 대해서 신랄하게 비판한다. 그에 따르면, 분석철학은 후기 비트겐슈타인, 셀러즈(Cellars), 콰인, 데이빗슨을 거치면서 스스로 폐기되었다(Rorty, 1982; 김동식 역, 1996: 30). 그가 보기에 분석철학은 언어의 논리, 문법, 규칙성 등을 강조하고 있으며, 이 점에서 분석철학은 언어에 대한 합리적 설명이 가능하다는 것을 논리적으로 전제하고 있다. 로티는 분석철학이 이러한 정초주의 입장을 견지하고 있는 한, 언어의 사회적 성격과 비인지적 측면을 충분히 포괄하기 어렵다고 보았다(김동식, 2001: 66).

로티는 넓게는 포스트모더니즘의 입장에서, 좁게는 신실용주의 입장에서 자신의 철학적 입장을 다음과 같이 제시한다(김혜숙, 1991: 277-278; Rorty, 1985: 12).

첫째, 객관성 · 보편성 · 초역사성보다는 '우리'라는 말을 적용할 수 있는 문화공동체 내의 유대감, 상호주관적 합의, 인종주의

(ethnocentrism), 문화상대주의, 역사주의를 표방한다.

둘째, 이러한 입장이 참이라는 점을 논증하거나 정당화하지 않는다. 이 입장은 하나의 이론이라기보다는 우리가 현재 처해 있는 우연적 · 역사적 환경에 대한 하나의 이야기(narrative)나 수사(rhetoric)이며, 이에 대한 궁극적 정당화는 형이상학적이거나 인식론적인 것이 아니라 '윤리적인 것'이다.

셋째, 우리 앞에 놓여 있는 문제는 이론적이거나 추상적 용어가 아닌 도덕적이거나 정치적 용어이다.

로티는 개인의 자율성과 자기실현에의 욕구뿐만 아니라 정의롭고 자유로운 인간 공동체에 대한 욕구라는 상반된 욕구를 함께 갖고 있다는 점에서 자신의 입장을 '자유주의적 아이러니(liberal ironism)'라 칭한다. 로티의 자유주의적 아이러니는 합리적 이성이나 과학이 종교나 미신, 신화, 전설, 우화에 대해 우위에 있다는 계몽주의적 서구문화에 대한 일종의 반발로 볼 수 있다(김혜숙, 1991: 278-279).

로티는 『언어적 전회(The Linguistic Turn)』(1967)의 서문에서 "모든 철학적 혁명은 실패하였다."라고 선언하였다. 말하자면, 분석철학은 혁명을 통하여 철학적 문제들에 만족스러운 답변과 해결책을 제시해 주지 못한 것이다. 언어와 개념의 치밀한 분석을 통해 철학적 문제를 해명하려고 시도해 온 분석철학이 종언을 고하게 된 것은, 분석철학의 언어적 전회와 방법론적 특징을 잃어버리기는 했지만, 새로운 철학의 방향을 모색할 기회를 제공해 주기도 하였다.

분석철학의 새로운 방향은 크게 두 가지 측면에서 살펴볼 수 있다. 하나는 분석철학의 관심사를 언어분석이나 언어 비판 활동에서 인간의 삶과 문화로 확대하는 것이다. 분석철학은 여러 대내외적인 비판에 직면하여 그냥 주저앉아 버린 것이라기보다는 그러한 비판을 극복하기 위해 부단히 노력해 나간 것으로 볼 수 있다. 일상언어학파나 후기 분석철학에서는 구문론 그 자체보다는 언어의 의미에 대한 추구나 해명을 강조하였다. 비트겐슈타인의 후기 철학에서 강조하는 언어 놀이는 의미나 쓰임새 등을 해명하기 위한 은유이고, 설의 언어 행위와 언어의 네트워크는 의미의 구조를 해명하기 위한 시도이며, 콰인의 과학적 언어분석이나 의사소통 구조를 해명하는 데이빗슨의 언어분석은 언어의 의미에 대한 철학적 분석으로 볼 수 있다. 더 나아가 언어를 광의의 의미로 이해하면, 정치 행위, 경제 활동, 예술 행위, 종교 활동 등 모든 인간의 삶이나 경험은 언어 활동으로 볼 수 있다(김동식, 2001: 71-73). 그러므로 인간의 모든 삶과 경험의 양상은 넓은 의미의 언어(의미)분석을 통해 드러날 수 있는 것이다.

다른 하나는 분석철학을 고집하지 않고 새로운 방향을 모색하는 것이다. 분석철학이 추구해 온 언어적 전회를 통한 언어 혹은 개념 분석이나 비판 활동은 철학이론 형성을 위한 토대를 제공해 주기는 하였지만, 적극적으로 철학이론을 형성하거나 체계화하는 일에는 소극적이었다. 분석철학은 또한 언어 활동을 통해 인간의 삶이나 경험과의 관련성을 보여 주기는 하였지만 실지로 인간의 삶을 풍요롭게 하는 데 무기력하였다. 이러한 상황에서 언어의 논리적 구조와 형식을 분석하는 데 치중한 분석철학은 그 임무를 다하고 새로운 철학을 모색할 수밖에 없게 된 것이다. 미네르바의 올빼미는 땅거미가 질 무렵에 날갯짓을 시작한다는 헤겔의 말처럼, 분석철학의 종언은 진정한 의미의 새로운 철학을 가능하게 한 것이다. 그리하여 분석철학은 독특한 철학이론이나 철학 방법으로서 자신의 존재나 정체성을 적극적으로 드러내기보다는 다양한 철학 이론이나 주장 속에서 한 알의 밀알이 되어 분석철학의 미덕을 발휘하는 방향으로 철학 활동에 기여하고 있다고 볼 수 있다.

제 5 장

분석적 교육철학의 성격과 방법

20세기 '철학의 혁명'이 비트겐슈타인으로 대표되는 분석철학이라면, 그에 견줄 만한 '교육철학의 혁명'은 1950년대 중반 이후 영국과 미국을 중심으로 영어권 국가의 교육철학 성격을 완전히 바꾸어 놓은 '분석적 교육철학'일 것이다. 분석적 교육철학은 특정 교육 가치를 적극적으로 주장하거나 위대한 교육사상가의 아이디어를 탐구하는 전통적 교육철학에 대한 반동과 대안으로 제시된 것이다.

영미 교육철학을 흔히 분석적 교육철학이라고 부르는 경향이 있으나, 영국과 미국에서 언제나 분석적 교육철학이 지배해 왔던 것은 아니다. 대체로 말하면, 1960년 이전의 영미 교육철학은 대체로 철학적 이론이나 주장에서 교육적 함의를 찾거나 교육사상사를 탐구하는 일을 해 왔다. 1960~1980년 사이의 영미 교육철학은 분석적 교육철학, 즉 교육의 주요 개념이나 의미를 명료히 하는 일, 교육적 주장과 논의에 들어 있는 각종 논리적 가정과 함의들을 드러내는 일, 나아가 교육에 관한 주요 주장들을 검토하고 정당화하는 일이 지배적이었다. 1980년 이후의 영미 교육철학은 교육과 관련된 실제적 문제나 사회 · 정치적 문제를 철학적으로 분석하거나 다양한 방법으로 해결하였다. 이 장에서는 교육철학의 혁명이라고 할 수 있는 분석적 교육철학이 무엇인지를 파악하기 위해, 분석적 교육철학의 성격과 특성을 전통철학과 대비하여 밝히고, 분석적 교육철학의 몇 가지 대표적인 방법을 제시한다.

1. 분석적 교육철학의 성격

분석적 교육철학은 전통적 교육철학에 대한 반동으로 제시된 만큼 전통적 교육철학과 상이하다는 점은 분명하다. 그러나 분석적 교육철학은 특정 철학 교조나 이론을 제시하거나 형성하는 일에 목적을 두지 않고 있어서 분석적 교육철학이 무엇인지를 한마디로 규정하기는 어렵다. 분석적 교육철학이 무엇인지를 밝히는 방식은 여러 가지가 있을 수 있지만, 여기에서는 두 가지 방식으로 탐색한다. 하나는 기존의 전통적 교육철학과 어떻게 다른지를 밝히는 소극적 방식이고, 다른 하나는 분석철학의 특성을 적극적으로 드러내는 방식이다.

먼저, 분석적 교육철학이 전통적 교육철학과 어떻게 다른지를 살펴보자. 분석적 교육철학은 전통적 교육철학에 대한 반동 혹은 대안으로 제시된 것이므로, 분석적 교육철학이 무엇인지를 이해하기 위해서는 전통적 교육철학이 무엇인지를 밝히는 것이 선행되어야 한다. 그러나 전통적 교육철학은 한 가지가 아닌 여러 가지 특성을 동시에 지니고 있다. 가령, 철학 이론이나 지식을 교육에 응용하거나 적용하는 일, 교육관이나 교육이념을 제시하는 일, 교육 목적론을 탐구하는 일, 위대한 교육사상가나 교육 사조를 연구하는 일 등이다. 이렇듯 전통적 교육철학은 여러 스펙트럼을 가지고 있지만, 몇 가지 공통적인 특징을 지니고 있다. 그것은 교육에 관한 이론체계나 지식체계를 형성하는 일을 한다는 점, 교육적 주장이나 가치를 적극적으로 제시한다는 점, 교육 문제에 대해 사변적인 접근을 취한다는 점 등이다.

분석적 교육철학은 다음 몇 가지 점에서 전통적 교육철학과 상이하다고 할 수 있다.

첫째, 전통적 교육철학의 관심사와는 달리, 분석적 교육철학의 일차적 관심사는 특정 교육이론이나 지식체계를 세우는 일에 있지 않다. 오히려 분석적 교육철학은 교육이론이나 지식체계를 어떻게 탐구해야 하는가, 즉 탐구 방법에 관심이 있다. 그러므로 분석적 교육철학은 교육에 관한 문제를 끊임없이 탐구하는 행위 그 자체에 관심이 있다고 할 수 있다.

둘째, 전통적 교육철학의 관심사와는 달리, 분석적 교육철학은 특정 교육적 주장이나 가치를 적극적으로 제시하는 데 있지 않다. 오히려 분석적 교육철학은 그 교육적 주장이나 가치가 무엇인지를 명료히 하고, 그 주장 속에 들어 있는 함의와 논리적 가정을 밝히는 일에 관심을 가진다. 그러므로 분석적 교육철학은 교육적 주장과 가치를 제시하는 일에는 소극적이며, 그것이 무엇인지를 명백히 밝히는 일에 적극적이라고 할 수 있다.

셋째, 분석적 교육철학은 교육 문제에 대해 사변적인 접근보다는 분석적인 접근 방식을 취한다. 분석적 교육철학은 일차적으로 교육이론이나 내용의 체계를 세우는 일보다는 탐구 방법 그 자체, 즉 교육적 질문을 통해 끊임없이 무엇인가를 탐구하는 행위에 관심이 있다. 이러한 탐구에서 가장 강조되는 철학의 기능은 평가적 기능이나 사변적 기능보다는 '분석적 기능'이다. 분석적 기능은 교육의 개념을 명료하게 하고 논리적 관계를 명백히 드러내는 일이다.

이상에서 전통적 교육철학과 대비를 통해 분석적 교육철학이 무엇인지를 소극적으로 드러낸 셈이다. 요컨대, 분석적 교육철학은 교육의 이론이나 지식체계를 형성하는 전통적 교육철학에 대비되는 것으로서 교육에 관한 철학적 탐구 방법을 강조하는 학문이라고 볼 수 있다. 여기서 철학적 탐구 방법은 분석철학의 방법론이다. 이하에서 분석적 교육철학이 무엇인지를 보다 적극적이면서 구체적으로 드러내어 보자.

분석적 교육철학을 단도직입적으로 정의한다면, 그것은 '교육개념의 철학적 분석' 또는 '교육행위의 철학적 분석'이라고 할 수 있다. 그러면 교육개념의 철학적 분석 또는 교육행위의 철학적 분석은 무엇인가?

먼저, 분석적 교육철학이란 '교육개념의 철학적 분석'이다. 교육개념의 철학적 분석이라는 말은 교육철학의 대상이 교육개념이고, 교육철학의 방법이 철학적 분석이라는 뜻이다. 우선, 이 말이 의미하는 바는 교육철학의 일차적 관심사가 교육 내용, 교육 사상, 교육 이론, 교육 가치 등을 제시하는 데 있는 것이라기보다는 그것을 규정하는 데 사용하는 '개념' 그 자체라는 것이다. 다음으로, 교육의 주요 개념을 다루는 방식과 관련하여, "철학적으로 분석한다."라는 말은 교육의 주요 개념들의 준거를 밝히고 그 의미를 명료화한다는 뜻이다. 그러므로 분석적 교육철학을 교육개념의 철학적 분석으로 규정하는 것은 교육철학이 교육의 이론체계를 형성하거나, 교육적 주장이나 교육의 가치를 적극적으로 제시하는 일을 하기보다는 교육의 주요 개념, 교육 이론, 교육 주장, 교육 가치 등을 명료히 하는 일을 한다는 의미이다.

다음으로, 분석적 교육철학이란 '교육행위의 철학적 분석'이다.

교육행위의 철학적 분석이라는 말도 교육개념의 철학적 분석과 마찬가지로 교육개념이나 교육행위를 철학적으로 분석함으로써 명료히 하는 것을 의미한다. 즉, 분석적 교육철학을 교육행위의 철학적 분석으로 규정하는 것은 '교육'이라고 일컬어지는 인간 행위를 철학적 분석을 통해서 판단의 기준을 밝힘으로써 명료하게 이해하는 것이다.

분석적 교육철학을 '교육개념의 철학적 분석' 또는 '교육행위의 철학적 분석'으로 규정한다고 해서 이 두 정의가 별개의 것이라는 점을 의미하지 않는다. 어느 편인가 하면, 교육행위의 철학적 분석은 교육개념이 의미하는 바를 구체화한 것이거나 넓게 규정한 것으로 볼 수 있다. 여기서 "교육개념을 구체화한다."라는 것은 단순히 교육이라는 언어나 용어의 뜻을 드러낸다기보다는 개념을 통해 드러내고자 하는 교육행위이다. 이 점에서 교육개념이 지시하는 바를 넓게 규정하면 인간 행위 전체를 일컫는 것으로 볼 수 있다.

이상에서 보았듯이, 분석적 교육철학의 스펙트럼은 학자마다 조금씩 다르므로 어느 하나로 규정하기 어렵지만, 전통적 교육철학과 대비하여 분석적 교육철학의 몇 가지 특징을 제시하면 다음과 같다.

첫째, 교육이론이나 교육사상 체계를 형성하거나 탐색하는 데 초점을 두는 전통적 교육철학과는 달리, 분석적 교육철학은 교육에서 사용되는 언어의 의미나 개념 그 자체에 관심이 있다.

둘째, 사변적인 접근을 취하는 전통적 교육과는 달리, 분석적 교육철학은 교육의 주요 개념이나 교육적 주장을 명료히 하는 일, 특히 철학적 분석에 관심이 있다.

셋째, 분석적 교육철학은 교육학자들이 사용하는 언어나 개념을 분석하고 논의한다는 점에서 이론적이고 추상적이라고 할 수 있으며, 이 점에서 전통적 교육철학보다 교육 실천이나 교육 현장과 상대적으로 격리되어 있다.

넷째, 교육적 주장이나 가치를 적극적으로 제시하는 전통적 교육철학과는 달리, 분석적 교육철학은 교육적 가치를 주장하는 일에 소극적이며, 교육적 주장 속에 들어 있는 함의나 논리적 가정을 드러내는 등 논리적 지형도를 그리거나 교육적 가치를 논리적으로 정당화하는 데 초점을 둔다.

2. 분석적 교육철학의 방법

분석적 교육철학의 방법이 무엇인지를 밝히는 것은 분석적 교육철학이 무엇인지를 밝히는 데 관건이 된다. 분석적 교육철학의 방법이 무엇인지에 관해서는 학자마다 의견이 상이할 수 있지만, "철학의 으뜸가는 미덕은 명백히 그릇되다는 반박을 받을 정도로 명확하게 말하는 데 있다."(Peters, 1966: 91)라는 피터스의 말에 단적으로 드러나 있다. 피터스가 말하는 철학적 방식은 고답적이거나 처방적인 성격을 띤 것이라기보다는 근본적으로 "이차적 혹은 반성적인 성격"을 띤 것이다. 그의 철학적 방법은 "그것이 무슨 의미이냐?" "그것을 어떻게 아느냐?"와 같은 소크라테스류의 질문과 "사고와 지식의 형식에 논리적으로 가정되어 있는 것이 무엇인가?"와 같은 칸트류의 질문을 결합한 형태이다(Peters, 1966: 5).

피터스가 취하는 가장 전형적인 교육철학 방법은 분석철학을 대표하는 옥스퍼드학파의 일상언어 분석 또는 개념분석이라고 할 수 있다. 여기서 말하는 개념분석은 광의의 의미로 이해되어야 하며, 다음 세 가지 요소를 포함하고 있다. 그 세 가지 요소는 목하 논의하고자 하는 주제와 관련된 주요 개념을 명료하게 분석하는 일, 명제나 주장의 논리적 지형도를 그리는 일, 그리고 가치나 주장을 정당화하는 일이다. 다음에서는 분석철학 방법의 세 가지 요소를 차례대로 설명한다(유재봉, 2023: 88-95).

1) 교육의 개념분석

분석적 교육철학에서 가장 근본적이면서 토대가 되는 개념분석은 어떻게 하는 것인가? 개념분석 방법은 학자마다 다양할 수 있으나, 여기서는 윌슨(J. Wilson)의 개념분석 방법을 중심으로 살펴본다. 그는 『개념적으로 사고하기(Thinking with Concepts)』에서 개념을 분석하는 열한 가지 방법을 다음과 같이 제시하고 있다(Wilson, 1963: 23-37, 96-111).

① **복합적 질문에서 개념적 질문을 가려내기**: 우리가 제기하는 주장이나 질문에는 개념적인 질문만 있는 것이 아니라 사실적인 질문과 가치판단에 관한 질문들이 혼재되어 있다. 예컨대, "처벌은 반드시 보복적이어야 하는가?"라는 질문은 "'처벌'과 '보복적'이라는 개념이 무엇인가?"라는 개념적 질문과 "처벌이 …… 이어야 하는가?"라는 가치판단을 포함하는 질문이 뒤섞여 있다. 그러므로 특정 개념을 분석하기 위해서는 복합적인 주장이

나 다양한 질문 속에서 개념적 질문을 구분해 내는 것이 선행되어야 한다.

② **문맥에 따른 개념의 의미 찾기**: 단어의 의미와 질문은 하나의 명확한 정답이 있는 것이라기보다는 문맥에 따라 그 의미가 달라질 수 있다. 그러므로 우리는 그 개념을 '이러이러한' 뜻으로 본다면 "이렇다."라고 말할 수 있고, '저러저러한' 뜻으로 받아들인다면 "저렇다."라고 말할 수 있다. 또한 개념의 일차적 용법과 파생적 용법을 구분하는 것도 개념의 뜻을 제대로 이해하는 데 도움이 된다.

③ **전형적인 사례 탐색하기**: 논의하고자 하는 주제와 관련된 개념을 분석하고 그 개념이 가지고 있는 특성을 드러내는 가장 좋은 방법은 그 개념이 사용되고 있는 전형적인 사례를 생각해 보는 것이다. 예컨대, '처벌'의 전형적인 사례는 고의로 교칙을 어긴 한 학생이 학교로부터 처벌을 받는 것이다. 이 사례에서 보듯이 벌의 개념은 학생이 교칙을 고의로 어기는 행위, 그 결과 학교가 학생에게 처벌이나 고통을 주는 등 그 행위에 합당한 조치를 취하는 일과 관련된 것임을 알 수 있다.

④ **반대 사례 찾기**: 전형적인 사례와 더불어 반대 사례를 생각해 보는 것도 그 개념의 특징을 명료히 하는 좋은 방법이다. 예컨대, 학생이 나쁜 짓을 하지 않았음에도 불구하고 처벌을 받는 경우는 보복의 사례로 보기 어렵다. 해당 학생은 처벌받을 만한 행위를 하지 않았고, 따라서 그에 합당한 어떤 대가도 돌려받을 것이 없으므로 이 학생이 받은 처벌은 보복이라고 할 수 없는 것이다.

⑤ **관련 사례 생각해 보기**: 개념을 좀 더 쉽고 분명하게 파악하는 방법 중의 한 가지는 그 개념과 유사한 개념들을 고려하여 그것과의 공통점과 차이점을 분석하는 것이다. 예컨대, 처벌과 정당성의 개념을 분석할 경우, '마땅함(deserving)'의 개념을 고려해 보는 것이다. 특정 행위에 대한 처벌이 마땅히 받을 만한 것인지를 고려해 보는 것은 처벌과 정당성의 개념을 이해하는 데 도움이 된다.

⑥ **모호한 사례 고려하기**: 목하 분석하고자 하는 개념의 기준을 만족시키는지 혹은 그러지 않은지의 여부가 불명확하거나 경계선상에 있는 사례를 검토해 보는 것도 개념을 분명히 하는 데 도움이 된다. 예컨대, 어떤 사람이 죄를 저지른 대가로 감옥으로 가는 대신 요양원으로 가도록 선고받았다면, 이것은 처벌이라고 볼 수 있는가? 범법자가 자신이 원치 않는 곳으로 가게 되었다는 점에서 처벌이라고 볼 수도 있지만, 또한 자신의 죄와 무관한 요양원에 보내졌다는 점에서 처벌이 아니라고 볼 수도 있다.

⑦ **가상의 사례 상상해 보기**: 우리가 개념을 분석한다고 할 때, 대체로 일상적 경험의 사례를 찾아보는 것만으로 충분하지만, 어떤 경우에는 일상적 경험의 범주를 벗어난 상황을 설정해 보는 것이 도움이 될 수 있다. 예컨대, 어떤 사람이 직장에서 동료들을 불편하게 하여 업무 수행에 상당한 지장을 초래하고 있는 상황에서, 회사가 화목한 직장 분위기를 조성하기 위해 그 직원에게 처벌 대신 유급휴가를 보내는 경우를 생각해 보자. 이 경우 우리는 그 사람이 잘못한 행위에 대해 합당한 처벌을 받은 것

이 아니라, 오히려 보상을 받은 것이므로 불공정하다고 생각할 수 있다.

⑧ **사회적 맥락 고려하기**: 개념은 언제나 문맥 속에서뿐만 아니라 사회적 맥락과 더불어 이해되어야 한다. 가령, "처벌은 반드시 보복적이어야 하는가?"라는 질문은, 별생각 없이 던진 질문이라기보다는 "범법자를 어떻게 하면 잘 교화시킬 수 있을까?"라는 문제의식과 더불어 "어떻게 하면 잠재적 범법자들이 범죄를 저지르지 못하도록 억제할 수 있을까?"라는 문제의식에서 나온 질문이다. 따라서 이 질문은 '범법자의 교화'와 '잠재적 범죄자의 범죄 방지'라는 두 가지 목적을 어떻게 조화시킬 것인가에 대한 사회적 관심에서 제기된 것으로 볼 수 있다.

⑨ **질문에 내재해 있는 불안감 고려하기**: 개념적 질문이나 철학적 질문은 대체로 그 기저에 들어 있는 불안감 때문에 제기된다. 예컨대, "처벌은 반드시 보복적이어야 하는가?"라는 질문은, 처벌이 보복적이지 않다면 법과 질서는 도대체 왜 존재해야 하는지에 대한 불안감 때문에 제기되는 것이다. 그러므로 우리는 어떤 개념을 분석하고자 할 때, 그것에 대해 질문하는 사람이 어떤 기분 상태에 있고 어떤 불안감을 지니고 있는지를 고려할 필요가 있다.

⑩ **실질적 결과 따져 보기**: 개념적 질문은 단순히 "예." 혹은 "아니요."의 대답을 제공하는 것을 넘어서, 이 대답이 일상생활에서 실지로 어떤 결과를 초래할 것인지를 고려해야 한다. 가령 "처벌은 반드시 보복적이어야 하는가?"라는 질문에 "그렇다."라고 대답하는 경우, 죄를 지은 사람에게 고통스러운 처벌을 해야

하는 상황이 초래되는 것이다.

⑪ **언어적 차원의 결과 고려하기:** 우리가 사용하는 개념들은 대부분 모호하거나 애매한 채로 사용된다. 개념분석을 하는 이유는 그러한 불분명한 개념들을 분명히 하고 명료히 하기 위해서이다. 그러므로 우리는 개념을 분석한다고 한 것이 도리어 언어나 개념을 혼란에 빠트리게 해서는 안 된다.

이상에서 제시한 개념을 분석하는 열한 가지의 기법(techniques of analysis)은 두 가지 점을 보여 준다. 하나는 개념분석이 단순히 단어의 뜻이나 문장의 의미를 파악하는 수준의 것이 아님을 보여 준다. 다른 하나는 우리가 개념의 의미를 명확히 이해하고자 할 때 고려해야 할 사항이 많다는 점과 이 분석 방법이 개념을 분석하는 데 유용한 지침을 제공해 준다는 점이다. 그러나 이 분석 방법은 우리가 어떤 개념을 분석할 때 하나도 빠짐없이 사용해야 하는 것도 아니고, 그것을 반드시 순서대로 적용해야 하는 것도 아니다. 가령, 수학적 개념을 분석하는 것에는 사회적 맥락에 관한 논의가 상대적으로 중요하지 않을 수 있다. 그리고 우리가 교육적 논의에서 언제나 이 모든 절차를 빠짐없이 거친다면 개념의 엄밀성을 보장할 수 있을지 모르지만, 지나치거나 불필요한 개념분석으로 인해 독자에게 '언어유희'로 치부될 가능성도 있다. 그럼에도 불구하고 개념분석은 교육에서 불분명하게 사용되고 있는 주요 개념들의 애매성(ambiguity)과 모호성(vagueness)을 없애거나 줄일 수 있다. 여기서 '애매성'이 외연(denotation)이 불분명한 것, 즉 한 단어가 지시하는 대상이 여러 가지여서 어느 것인지 불명확한 것을 의미한다면, '모호성'은 내포

(connotation)가 불분명한 것, 즉 단어의 의미 한계가 명확하지 않은 것을 의미한다.

2) 주장의 논리적 지형도 그리기

분석적 교육철학에서 가장 기본적인 일이 교육적 논의와 주장 속에 들어 있는 개념을 명료화하는 일이라면, 개념분석과 더불어 중요한 일은 여러 문장이나 주장들의 논리적 지형도를 그리는 일이다. 모든 개념은 그 자체로 고유한 의미를 지니고 있지만, 문맥에 따라 다양한 의미로 사용되기도 한다. 그러므로 그 개념이 어떤 의미로 사용되었는지는 글이나 주장 전체에 비추어 분석할 수밖에 없다. 주장의 논리적 지형도를 그리는 일은 언어의 함정에서 벗어나게 하는 것이면서 자신의 사고와 주장을 분명하게 하는 일이기도 하다.

교육의 이론과 실제에서 사용되고 있는 언어의 의미는 언제나 명백한 것은 아니다. 교육적 논의나 주장에는 흔히 이론적 모순이 은폐되어 있을 수 있으며, 무엇을 주장하는지가 명확하지 않은 경우가 많다. 그러므로 우리는 교육적 주장에 포함된 논리적 관계를 드러내는 일을 수행해야 한다. 이러한 일에는 논리적 모순(contradiction)과 동어반복(tautology)을 가려내는 일, 논리적인(logical) 것과 사실적인(empirical) 것을 구분하는 일, 함의(implication)와 논리적 가정(presupposition)을 밝히는 일 등이 포함된다.

① **논리적 모순과 동어반복 가려내기:** 우리가 사용하는 말이나 글 속에는 분명한 형태이건 그렇지 않은 형태이건 간에 논리적 모순

과 동어반복을 포함하고 있는 경우가 많다. '논리적 모순'은 모순이라는 문자적 의미에 내포되어 있듯이, "이 창은 어떤 방패든지 뚫을 수 있다."와 "이 방패는 어떤 창이든 막을 수 있다." 처럼 서로 다른 주장을 동시에 할 때 발생한다.

이에 비해, '동어반복'은 "이광수는 이광수다."나 "춘원은 이광수다."라는 말처럼 사실상 동일한 말을 되풀이하는 것이다. 동어반복은 정의상 틀릴 가능성이 없지만, 새로운 정보나 내용을 제공해 주지 못한다. 그런데 문장이나 주장에서 논리적 모순이나 동어반복은 누구나 쉽게 확인할 수 있는 직접적인 방식으로 주어지기보다는 긴 글이나 주장 속에 숨어 있는 경우가 많으므로 그것을 가려내기가 언제나 쉬운 것은 아니다.

② **논리적인 것과 사실적인 것 구분하기**: 우리가 사용하는 문장이나 주장에는 논리적인 것과 사실적인 것이 대체로 뒤섞여 있다. '논리적인 것'은 주어와 서술어가 개념적으로 관련되어 있다. 즉, 서술어의 의미가 주어의 의미의 한 부분으로 포함되어 있는 것이다. 논리적인 문장이나 주장의 참과 거짓의 여부는 논리적 분석 혹은 개념적 분석으로 드러난다. 예컨대, "처녀는 결혼하지 않은 성인 여자다."라는 논리적 문장의 경우, '처녀'라는 주어 속에 '결혼하지 않은 성인 여자'라는 서술어의 의미가 들어 있다. 그러므로 이 문장이 참인지 거짓인지는 관찰이나 실험 등 경험적 검증을 통해서가 아닌 '논리적 분석(logical analysis)'에 의해 드러난다. 가령, 누군가가 처녀를 "결혼한 성인 여자다."라고 말한다면, 그 말은 틀린 것이다.

논리적인 것과는 달리, '사실적인 것'은 주어와 술어가 경험적 혹은 사실적인 관련을 맺고 있다. 사실적인 문장이나 주장의 참과 거짓의 여부는 사실적 혹은 경험적 검증(empirical verification)으로 드러난다. 예컨대, "빛은 직진한다."라는 사실적 문장의 경우, 논리적인 문장과는 달리 '빛'이라는 개념을 아무리 분석하더라도 "직진한다."라는 말이 들어 있지 않다. "빛이 직진한다."라는 명제가 참인지 거짓인지는 오직 관찰이나 실험 등 과학적 검증으로 판별될 수 있다(이홍우, 2016: 411-413).

③ **함의, 논리적 가정, 상호함의 드러내기:** 분석적 교육철학에서 주된 관심은 논리적 관련이며, 논리적 관련에는 '함의(implication)' '논리적 가정 혹은 전제(presupposition)' '상호함의 혹은 동치(entailment)'의 세 가지가 있다(이홍우, 2016: 415-418; Austin, 1962).

함의는 두 명제 p와 q의 관계에 있어서, p를 긍정하고 q를 부정하면 모순이 되는 관계, 즉 p를 긍정하게 되면 반드시 q를 긍정해야 하는 논리적 관련을 말한다. 이 경우 우리는 "p는 q를 함의하고 있다(p implies q)."라고 말할 수 있으며, 이것을 논리기호로는 $p \xrightarrow{imp} q \equiv \sim(p \cdot -q)$로 표시할 수 있다. 예컨대, "X는 이화여자대학교 학생이다(p)."라는 말은 "X는 여자다(q)."라는 말을 함의하고 있다. X가 이화여자대학교 학생(p)이라고 말하면서 X가 여자(q)라는 사실을 부정하면 논리적 모순이 되기 때문이다. 이 경우 'X는 이화여자대학교 학생'이라는 말은 'X는 여자'라는 말을 함의하고 있다고 말할 수 있다.

논리적 가정은 두 명제 p와 q의 관계에 있어서 p를 긍정하고 q를 부정하면 모순이 될 뿐만 아니라, p를 부정하고 q를 부정해도 모순이 되는 관계이다. 즉, p를 긍정하거나 부정하거나 관계없이 q를 부정하면 모순이 되는 논리적 관련을 말한다. 이 경우 우리는 "p는 q를 전제하고 있다." 혹은 "p는 q를 논리적으로 가정하고 있다(p presupposes q)."라고 말할 수 있으며, 이것을 논리기호로는 $p \xrightarrow{prs} q \equiv [\sim(p \cdot -q)]\ [\sim(-p \cdot -q)]$로 표시할 수 있다. 예컨대, "Y의 아들은 천재다(p)."라는 말은 그 사실을 긍정하든 부정하든 상관없이 "Y에게 아들이 있다(q)."라는 사실을 부정하면 모순이 된다. 이 경우 우리는 "Y의 아들은 천재다(p)."라는 말은 "Y에게 아들이 있다(q)."라는 사실을 논리적으로 가정하고 있다고 말할 수 있다.

상호함의는 두 명제 p와 q의 관계에 있어서 p를 긍정하고 q를 부정하면 모순이 될 뿐만 아니라, q를 긍정하고 p를 부정해도 모순이 되는 관계이다. 즉, p와 q 중 어느 한쪽을 긍정하고 다른 쪽을 부정하면 모순이 되는 논리적 관련을 말한다. 이 경우 "p와 q는 상호함의하고 있다." 혹은 "p와 q는 동치다(p entails q)."라고 말할 수 있으며, 이것을 논리기호로는 $p \xrightarrow{eut} q \equiv [\sim(p \cdot -q)]\ [\sim(q \cdot -p)]$로 표시할 수 있다. 예컨대, "고양이는 방석 위에 있다(p)."라고 말하면서 "방석은 고양이 밑에 있다(q)."라는 명제를 부정하거나, 거꾸로 "방석은 고양이 밑에 있다(q)."라고 말하면서 "고양이는 방석 위에 있다(p)."라는 명제를 부정하면 모순이 된다. 이 경우 "고양이는 방석 위에 있다(p)."라는 명제와 "방석은 고양이 밑에 있다(q)."라는 명제는 상호함의 관계에 있다고 말할 수 있다.

분석적 교육철학에서 교육의 주요 개념을 분석하고, 명제들 사이의 논리적 관련을 제시함으로써 논리적 지형도를 그리는 것이 핵심적 활동이다. 아닌 게 아니라, 교육의 주요 개념을 명료히 하고, 다양한 주장과 명제 사이의 논리적 관련성을 분명히 드러내는 일은 분석철학의 으뜸가는 미덕인 개념과 논리의 명료성을 갖추게 하는 일이다. 그러나 분석적 교육철학의 역할은 이것만으로 충분한가? 교육은 그것을 어떻게 규정하더라도 가치문제와 관련되어 있으므로, 개념을 분명히 하고 논리적 정합성을 갖추는 것만으로 부족하다. 그러므로 분석적 교육철학은 가치의 정당화, 즉 주장하고자 하는 가치를 설득력 있는 근거를 들어 설명하고 해명하는 일이 요청된다.

3) 가치의 정당화

분석적 교육철학의 가장 기본적인 일이 개념분석을 통해 교육에서 사용되고 있는 주요 개념을 분명히 하고, 다양한 교육적 주장과 논의 속에 들어 있는 함의와 논리적 가정을 밝히는 것이다. 그러나 교육은 근본적으로 가치를 지향하는 활동이기 때문에 교육의 주요 개념을 분석하고 논리적 관계를 드러내는 것으로 충분하지 않을 수 있다. 어쩌면 개념을 명료하게 분석하고 논리적 관계를 드러내는 일은 그 자체로 의미를 지닌다기보다는 어떤 가치나 주장을 철학적으로 해명하거나 정당화하기 위해서라고 말할 수 있다(유재봉 2004: 95; Peters, 1966: 5). 특정 교육 가치나 주장을 정당화한다는 것은 그것에 들어 있는 충분한 논리적 · 합리적 근거를 들어 설득력 있게 해명하는 것이다.

교육 가치를 정당화하는 방식은 학자마다 다양할 수 있지만, 분석적 교육철학에서는 논리적 정당화 방식인 '선험적 논의(transcendental argument)'를 주로 사용해 왔다(Peters, 1966: 114). 선험적 논의는 '논리적 가정에 의한 정당화(justification by presupposition)', 즉 어떤 질문 속에 들어 있는 논리적 가정을 드러냄으로써 정당화하는 방식이다. 예컨대, "왜 지식의 형식을 가르쳐야 하는가?"라는 질문은 "지식의 형식이 가치가 있다."라는 사실을 전제로 할 때 비로소 의미를 지닌다. 지식은 문명된 삶의 논리적 가정이므로 문명인이라면 누구나 할 것 없이 지식의 형식이 가치 있다는 것을 받아들일 수밖에 없는 것이다(유재봉, 2002a: 28-29; 이홍우, 2016: 318-319). 분석적 교육철학을 대표하는 피터스나 허스트는 모두 '교육에서 왜 이론적 지식이나 합리성을 추구해야 하는지'에 대해 선험적 논의 방식을 통해 정당화하고 있다. 피터스는 선험적 논의에 대해 다음과 같이 말한다.

> "왜 저것보다는 이것을 해야 하느냐?"라고 심각하게 질문한다는 것은 아무리 초보적인 수준이라 할지라도, 그 질문을 하는 맥락을 제공하는 실재에 대한 여러 측면에 대한 심각한 관심에 의해 규정되는 그런 탐구에 헌신하고 있다는 것을 의미한다(Peters, 1966: 126).

피터스와 마찬가지로, 허스트도 "합리성을 추구하는 것이 어째서 가치 있는가?"의 문제를 선험적 논의 방식으로 정당화하고 있다. 그들에 의하면, "왜 교육에서 이론적 지식이나 합리성을 추구해야 하는가?"라는 질문을 심각하게 하는 사람은 이미 그것이 가치 있다는 점을 논리적으로 가정하고 있다. 이론적 지식이나 합리성을 추구하는 것이 가치 있다는 점은 이러한 논리적 가정을 드러냄으로써 논리적으로 정당화할 수 있다. 이론적 지식 추구의 정당화를 요청하는 사람은 그 일에 어떤 형태이든지 간에 헌신하고 있음을 논리적으로 가정하고 있고, 또한 그런 경우에만 의미를 지니기 때문이다(Hirst, 1965: 126; Peters, 1966: 164).

지금까지 분석적 교육철학 방법이 무엇인지를 살펴보았다. 분석적 교육철학 방법은 대체로 세 가지 요소로 이루어져 있다. 첫 번째 요소는 분석철학적 연구의 토대가 되는 교육의 주요 개념 혹은 핵심 개념을 명료하게 분석하는 일이다. 두 번째 요소는 교육에 관한 명제와 명제 사이의 논리적 관계를 드러내고, 논리적 지형도를 그리는 일이다. 세 번째 요소는 교육에서 추구하고자 하는 가치나 주장을 정당화하는 일이다. 물론 세 가지 요소 중 어느 한 가지라도 충족시키고 있다면 약한 의미이기는 하지만 분석적 교육철학이라 할 수 있다. 그러나 엄격한 의미의 분석적 교육철학은 이 세 가지 요소를 모두 포함하고 있을 뿐만 아니라 그것을 충분히 논의할 때 충족될 수 있을 것이다.

제 6 장

분석적 교육철학의 전개 과정

분석적 교육철학은 1960년대 중반 이후 영국과 미국을 비롯한 영어권 국가를 중심으로 지배적인 교육철학으로 부상되었다. 분석적 교육철학은 하디(Hardie, 1942)에 의해 처음으로 시도된 후, 영국의 피터스와 허스트(P. H. Hirst), 미국의 셰플러 등에 의해 발전되었다고 할 수 있다.

분석적 교육철학의 중심 무대가 영국과 미국이기는 하지만, 영국과 미국의 분석적 교육철학 간에는 차이점이 존재한다. 영국의 분석적 교육철학은 전통적 교육철학을 대체할 만큼 영국의 교육철학 전반에 강력한 영향을 미쳤다. 이에 비해, 미국의 분석적 교육철학은 토착적인 실용주의와 기존 교육철학의 영향으로 영국의 분석적 교육철학에 비해 상대적으로 파급력이 크지 않았으며, 분석적 교육철학을 비롯한 몇 가지 다른 성격의 교육철학이 공존하는 양상을 띠었다. 영국의 분석적 교육철학이 교육언어의 일상적 분석과 정당화를 강조했다면, 미국의 분석적 교육철학은 교육개념의 논리적 분석 그 자체에 관심을 가졌다. 영국의 분석적 교육철학이 런던대학교와 '런던학파(the London line)'를 중심으로 활발하게 전개되어 왔다면, 미국의 분석적 교육철학은 주로 하버드대학교, 컬럼비아대학교, 일리노이대학교를 중심으로 활성화되었다.

분석적 교육철학의 전개 과정은 크게 두 시기, 즉 분석적 교육철학의 전성기(1960~1980년)와 분석적 교육철학의 쇠퇴기(1980년 이후)로 구분할 수 있다. 분석적 교육철학의 전성기는 영국과 미국에서 분석적 교육철학이 교육철학의 주요 패러다임으로 자리 잡고 있었던 시기라면, 분석적 교육철학의 쇠퇴기는 분석적 교육철학에 대해 비판이 증가하면서 새로운 방향을 모색해 나가는 시기로 볼 수 있다. 이 장에서는 분석적 교육철학의 전성기 동안 영국의 분석적 교육철학과 미국의 분석적 교육철학의 전개 과정을 중심으로 고찰한다. 그런 다음, 분석적 교육철학이 왜 쇠퇴하게 되었으며, 이러한 상황에서 분석적 교육철학은 어떻게 새로운 방향을 모색해 나갔는지를 살펴본다.

1. 영국의 분석적 교육철학

영국의 분석적 교육철학은 주로 옥스퍼드대학교에서 활발하게 전개된 비트겐슈타인의 후기 철학의 영향을 받았다. 비트겐슈타인의 후기 철학은 기본적으로 철학을 다양한 '언어게임(language game)'으로 본다는 점, 개념의 불명료성은 주로 언어 사용에서 비롯된다고 보는 점, 언어의 다양한 사용 혹은 용도를 분석하는 그 자체가 언어 의미의 핵심이라는 점, 의미와 지식은 단순명제로 환원된다는 환원주의를 거부한다는 점 등의 공통적인 특징을 지니고 있다(Hirst, 1998: 13-14; Hirst & White, 1998: 8-9). 영국의 분석적 교육철학도 비트겐슈타인의 후기 철학과 옥스퍼드의 일상언어 분석의 영향을 받아 교육의 핵심 개념들을 우리가 일상적으로 사용하고 있는 말의 용도를 분석함으로써 언어의 의미를 명료하게 하는 탐구 행위를 발전시켜 나갔다.

1960~1980년 동안 영국의 분석적 교육철학은 기존의 교육철학

을 대체할 만큼 지배적이었다. 물론 그 이전에 분석적 교육철학에 관련된 저서나 논의들이 전혀 없는 것은 아니다. 1960년 이전에 영국에서 분석철학적인 방법으로 교육 문제를 논의한 대표적인 학자와 저서는 다음과 같다. 교육의 주요 이론을 분석하고 교육측정의 논리적 가정을 밝힌 하디(C. H. Hardie)의 『교육이론의 진리와 오류(Truth and Fallacy in Educational Theory)』(1942), 교육적으로 중요한 개념인 명제적 지식과 방법적 지식, 지능, 성향 등의 개념을 분석하고 논의한 라일의 『마음의 개념(The Concept of Mind)』(1949), 교육의 핵심인 도덕의 주요 개념과 성격을 분석하고 논의한 헤어(R. M. Hare)의 『도덕의 언어(The Language of Morals)』(1952), 교육철학의 제 문제를 분석철학적인 방식으로 논의한 오코너(D. J. O'Connor)의 『교육철학개론(An Introduction to the Philosophy of Education)』(1957) 등을 들 수 있다.

영국의 분석적 교육철학이 전성기를 구가하게 된 것은 피터스가 리드(A. Reid)의 뒤를 이어 1962년에 런던대학교 교육학대학원(Institute of Education: IOE)[1]의 교육철학 공식적 학문 좌장(the established Chair)[2] 겸 정교수로 부임하게 되면서이다. 피터스는 그

1) 런던대학교 교육학대학원은 교원양성기관으로 출발하였으며, 세계 최대이면서 최고의 교육학 연구기관으로 명성을 지니고 있다. 이 대학은 한국식으로 말하면 교사교육과 교육학을 전문적으로 연구하는 일종의 '대학원 대학교'라고 할 수 있다. 이 대학은 2014년에 런던대학교의 모체인 유니버시티컬리지(University College London: UCL)에 병합되어 현재 'University College London, Institute of Education(UCL, IOE)'이라는 이름으로 교육학 분야의 명실상부한 세계 최고의 명성을 이어 오고 있다.

2) 교육철학의 공식적 학문 좌장(the established Chair of Philosophy of

이전에도 『동기의 개념(The Concept of Motivation)』(1958)을 출간하여 이미 분석철학자로서 명성을 지니고 있었지만, 런던대학교 교육학대학원 교육철학 정교수로 부임한 이후 분석적 교육철학에 관한 왕성한 활동과 영향력 있는 저술로 인해 세계적인 명성을 얻게 되었다. 피터스는 런던대학교 교육학대학원(IOE) 교수취임 강연 논문인 「성년식으로서의 교육(Education as Initiation)」(1964)을 필두로 『윤리학과 교육(Ethics and Education)』(1966), 『이성과 열정(Reason and Passion)』(1973), 『심리학과 윤리적 발달(Psychology and Ethical Development)』(1974), 『교육과 교사 교육(Education and the Education of Teachers)』(1977), 『교육자론(Essays on Educators)』(1981), 『도덕 발달과 도덕교육(Moral development and Moral Education)』(1981), 그리고 자신의 논문을 모은 『교육의 개념(The Concept of Education)』(1967), 『교육철학(The Philosophy of Education)』(1973), 『듀이의 재음미(John Dewey Reconsidered)』(1977), 그리고 허스트와 공저한 『교육의 논리(The Logic of Education)』(1970), 디어든, 허스트와 함께 편집한 『교육과 이성의 발달(Education and the Development of Reason)』(1972) 등의 주옥같은 분석적 교육철학 책을 출판하였다.

교육철학에 관한 피터스의 가장 큰 공헌은 아마 영국을 비롯한 영어권 국가에 교육철학의 패러다임을 분석적 교육철학으로 바꾸어

Education)은 교육철학 분야에서 탁월한 극소수의 학자에게만 주어지는 권위 있는 자리이다. 세계적인 교육철학자이면서 피터스를 계승하여 오랫동안 교육철학 정교수로 있었던 화이트 교수조차도 '비공식적' 학문 좌장(personal Chair)으로 그 역할을 대신하였을 뿐이다.

놓은 것이라고 할 수 있다. 이러한 사실은 허스트가 한 다음의 말에 잘 나타나 있다.

> 우리가 특정 이슈에 대한 피터스의 전체 결론에 동의하든 그러지 않든 간에, 교육 문제를 철학적으로 논의하는 데 새로운 철학적 방법과 고려사항을 도입했다는 점은 인정할 수밖에 없다. 그 결과 [교육철학은] 새로운 수준의 철학적 엄밀함을 갖추게 되었고, 교육적 결정에 대한 철학적 고려의 중요성에 대한 새로운 인식이 생겨났다. 리처드 피터스는 교육철학에 혁명을 일으켰으며, 현재 그 분야에 종사하고 있는 여러 학자의 연구가 여실히 보여 주고 있듯이, 그가 가져온 변화를 되돌리는 것은 불가능하다(Hirst, 1986: 37–38).

피터스의 저서와 논문들은 대부분 분석적 교육철학이라고 할 수 있지만, 특히 『윤리학과 교육(Ethics and Education)』(1966)은 우리나라 교육학계에 널리 알려져 있을 뿐만 아니라 대표적인 분석적 교육철학 저서라고 할 수 있다. 피터스는 분석적 교육철학의 세 가지 요소인 교육개념 분석, 교육적 주장의 논리적 지형도 그리기, 그리고 교육의 중요한 가치의 정당화 문제를 포괄하고 있을 뿐만 아니라, 또한 그것을 치밀하게 논의하고 있다는 점에서 분석철학적 연구의 표준이라고 할 만하다.

피터스는 비트겐슈타인 후기 철학의 견해를 따라 교육의 주요 개념들의 일상적 용법과 사용규칙을 분석하여 교육 문제를 논의하였다. 그는 교육의 개념을 규범적 준거(normative criterion), 인지적 준거(cognitive criterion), 과정적 준거(procedural criterion)로 나누어 분석하였다. '규범적 준거'란 바람직함(desirability)과 관련된 준거로서, 교육은 "교육에 헌신하려는 사람에게 가치 있는 것의 전달", 즉 '교육'의 개념 속에 붙박여 있는 '내재적 가치'를 추구하는 것이다. '인지적 준거'란 지식과 관련된 준거로서, 교육은 "지식과 이해 그리고 모종의 인지적 안목"의 형성, 즉 폭넓은 지식 획득을 통해 통합적인 안목을 가진 상태를 의미한다. '과정적 준거'란 도덕적인 것과 관련된 준거로서, 교육은 "최소한의 학습자의 의식과 자발성"이 있는 형태로 전달되어야 함을 의미한다(Peters, 1966: 45; Hirst & Peters, 1970: Ch. 2).

피터스는 교육의 주요 개념을 엄밀하게 분석하고 있을 뿐만 아니라 교육의 논의에서 사용되고 있는 다양한 이론적 질문과 실제적 질문, 사실적 · 경험적 질문과 논리적 · 개념적 질문을 염두에 두고 논의하고 있다. 그는 또한 윤리학의 근본 원리와 윤리학의 고전이론을 논리적이면서 비판적으로 검토하고 있으며, 교육내용과 윤리학적 주장 등 다양한 교육 논의 속에 들어 있는 함의와 논리적 가정을 밝히고 논리적 지형도를 잘 그려 내고 있다.

피터스의 『윤리학과 교육』이 분석적 교육철학에 가장 기여하고 있는 부분은, 비트겐슈타인 후기 철학에서 결여하고 있지만 교육이 추구하고 있는 다양한 가치를 정당화하고 있다는 점이다. 피터스가 보기에, 교육개념의 분석은 그 자체로 의미를 지닌다기보다는 교육의 설명이나 정당화와 관련하여 의미를 지닌다. 피터스는 '자유교육(liberal education)'이 추구하는 합리적 마음 계발의 가치, 교육과정에 있어서 이론적 활동 혹은 이론적 지식의 가치, 윤리학의 근본 원리에 해당하는 자유, 평등, 인간 존중, 타인의 이익 고려 등의 원리를 실제적 사태에 들어 있는 논리적 가정을 드러내는 '선험적 논의(transcendental argument)'의 방식을 사용하여 정당화하고 있다. 요컨대, 피터스는 "철학의 으뜸가는 미덕은 명백히 잘못되었다는 점이 충분히 드러날 수 있을 정도로 분명하게 말하는 데 있다."(Peters, 1966: 91)라고 말한 것처럼, 교육의 개념과 교육에서 사용되고 있는 주요 개념들을 예리하게 분석하고 명료화하는 일, 교육적 주장이나 논의에 들어 있는 함의나 논리적 가정을 밝히는 일, 그리고 교육의 여러 가치를 정당화하는 일을 하고 있다.

피터스와 함께 영국의 분석적 교육철학을 대표하는 학자는 허스트이다. 허스트(P. H. Hirst)는 케임브리지대학교에서 수학을 전공한 후, 옥스퍼드대학교에서 교사교육 수학 튜터로 재직하는 동안에 에이어와 비트겐슈타인의 영향을 받았다. 그는 에이어의 검증의미론의 영향을 받아 개념이나 명제의 의미는 검증 기준에 달려 있다고 보았다. 허스트는, 특히 후기 비트겐슈타인의 영향을 강하게 받았다. 비트겐슈타인에 따르면, 사적 언어는 성립 불가능하며, 언어나 개념은 그것이 어떤 사태에 적용될 수 있는가에 관한 공적 합의가 전제되어 있을 때 비로소 이해 가능하다고 보았다. 비트겐슈타인과 마찬가지로 허스트도 언어나 개념의 의미를 우리가 다양한 맥락에서 일상적으로 사용하고 있는 용법이라고 보았다(Hirst, 2008). 허스트가 분석적 교육철학에 본격적으로 관심을 가지고 연구하게 된 것은 런던대학교(IOE) 교육철학 교수(lecturer)로 임용되면서부터이며, 몇 년 후에 피터스가 같은 대학에 교수(professor)로 부임해 오면서 그와 함께 영국의 분석적 교육철학을 만개시켰다.

허스트의 분석적 교육철학의 대표적인 저서는 『지식과 교육과정

(Knowledge and Curriculum)』(1974)이라고 할 수 있으며, 이 책은 그의 교육과정 철학에 관한 논문들을 모아 놓은 것이다. 이 책의 토대를 이루고 있는 논문은 교육(과정)철학 분야에서 가장 유명한 논문 중의 하나인 「자유교육과 지식의 성격(Liberal Education and the Nature of Education)」(1965)이다. 이 논문에서 허스트는 고대 그리스의 자유교육, 미국 하버드위원회의 보고서인 「자유 사회에서의 일반교육(General Education in a Free Society)」(1945), 그리고 영국의 걸벤키안재단 보고서(Gulbenkian Foundation Report)인 「대학예비학교에서의 예술과 과학(Arts and Science Sides in the Sixth Form)」(1960) 등에 들어 있는 논리를 비판적으로 검토하면서 그의 자유교육 이론을 정립하고 있다.

고대 그리스의 자유교육은 두 가지 철학적 주장, 즉 '마음에 있어서 지식의 중요성(the significance of knowledge for mind)', 그리고 '지식과 실재의 관련성(the relationship between knowledge and reality)'에 기반을 두고 있다. 허스트에 따르면, 이러한 자유교육은 지식을 추구함으로써 마음을 계발하는 것을 강조한 점에서 타당하다. 그러나 문제는 지식이 형이상학적인 실재에 토대를 두고 있다는 점이다. 만일 지식의 토대로서 실재가 부정된다면, 지식에 의해 정의되는 교육의 정당성도 확보되기 어렵다는 문제점이 발생한다(Hirst, 1965: 116-117). 하버드위원회 보고서는 자유교육이 목적으로 삼는 마음의 자질(the qualities of mind)을 '효율적 사고능력(to think effectively)' '의사소통능력(to communicate thought)' '적절한 판단능력(to make relevant judgments)' '가치식별능력(to discriminate among values)' 등 네 가지 능력으로 구체화하고 있다(Hirst, 1965: 117). 그러나 그러한 능력들이 지식과 관련성 없이 제시되고 있다는 점에서 문제가 있다. 걸벤키안재단 보고서는 자유교육을 주요 사고양상(modes of thinking), 즉 논리적 양상 · 경험적 양상 · 도덕적 양상 · 심미적 양상 속에서 지성을 계발하는 교육으로 규정하고 있다(Hirst, 1965: 122). 그러나 이러한 양상이 지식의 공적 특성에 의해서만 구별될 수 있다는 점을 분명히 드러내지 못하고 있다는 점에서 한계가 있다. 이러한 기존 자유교육의 문제점을 극복하기 위해 허스트는 자유교육을 약정적으로 규정하였다. 그에 따르면, 자유교육이란 지식 그 자체에 의해 범위와 내용이 결정되며, 그리하여 마음의 계발에 관심을 가지는 교육이다(Hirst, 1965: 125).

허스트는 이 논문에서 '지식의 형식(forms of knowledge)'이 어떤 기준을 충족시켜야 하는지를 제시하고 있을 뿐만 아니라, "지식의 형식을 추구하는 것이 어째서 가치 있는가?"라는 질문에 대해 선험적 논의 방식을 사용하여 정당화하고 있다. 허스트의 『지식과 교육과정(Knowledge and Curriculum)』(1974)은 「자유교육과 지식의 성격」 논문을 중심으로 교육과정 목표의 성격과 구조, 교육과정의 목적, 교육내용으로서의 지식의 형식의 정당성, 교수(teaching)의 개념 등을 정교화하고 있다. 허스트는 지식의 형식을 '형이상학적 실재'에 의존하지 않고 '마음과 지식의 논리적 관계'에 비추어 정당화하는 일을 제외하고는, 대체로 교수활동이 다른 활동과 어떤 점에서 구분되는지 등 주로 개념을 분석하는 일과 논리적 지형도를 그리는 일에 중점을 두고 있다.

피터스는 허스트와 함께 1964년 영국 교육철학회를 창립하는 데 주도적 역할을 하였다. 피터스는 1975년까지 영국 교육철학회 회장

(Chairman)을 역임하였으며, 1966년부터 1982년까지 저명한 교육철학 학술지인 『교육철학(Journal of Philosophy of Education)』의 편집위원장으로 있으면서 분석적 교육철학을 엄밀하고 정교한 학문으로 발전시켰을 뿐만 아니라 영어권을 비롯하여 전 세계적으로 확산시켰다. 그리하여 그는 전통적 교육철학과는 대비되는 "새롭게 확립된 영국 교육철학의 아버지"(White, 2001: 118)라고 불리게 되었다.

피터스의 탁월한 학문적 리더십 덕분에 분석적 교육철학을 연구하는 학자들이 런던대학교로 몰려들었고, 그들을 중심으로 소위 '런던학파'[3]가 자연스럽게 형성되었다. 런던학파의 교육철학자들을 윌리엄스(B. Williams)가 런던대학교 본부가 있는 거리 이름을 따서 "말렛가(Malet Street)의 카키 전투복을 입은 정예부대"(Peters, 1983: 36)라고 표현할 정도로, 런던학파는 1960~1980년까지 영국 교육철학의 중추적 역할을 감당해 왔다. 런던학파의 대표적인 교육철학자로는 런던대학교(Institute of Education)의 명예교수인 피터스와 화이트(J. P. White) 등을 비롯하여 케임브리지대학교(University of Cambridge)의 허스트와 맥로글린(T. H. McLaughlin), 옥스퍼드대학교(University of Oxford)의 프링(R. Pring), 워릭대학교(University of Warwick)의 페리(L. Perry), 버밍엄대학교(University of Birmingham)의 엘리오트(R. K. Elliott)와 디어든(R. F. Dearden), 이스트앵글리아

3) 런던학파는 분석적 교육철학의 본산인 런던대학교에서 가르쳤거나 교육받은 교육철학자를 일컫는 말이다. 런던학파는 전성기인 1965년부터 1975년까지는 영국 교육철학을 완전히 좌지우지할 정도였고, 그 이후 영향력이 다소 약화되기는 했지만, 여전히 영국 교육철학계에 큰 영향력을 미치고 있다.

대학교(University of East Anglia)의 브리지스(D. Bridges), 에딘버러 대학교(University of Edinburgh)의 카(D. Carr), 더람대학교(University of Durham)의 쿠퍼(D. E. Cooper), 뉴캐슬대학교(University of New Castle)의 툴리(J. Tooley), 키일대학교(University of Keele)의 린지(C. Wringe) 등이다(유재봉, 2002b: 478; Peters, 1983: 38-39).

피터스로 대표되는 런던학파의 교육철학자들은 분석철학적 방법, 특히 비트겐슈타인 후기 철학의 맥을 잇고 있다. 그들은 교육의 개념을 비롯한 교육의 주요 개념의 일상적 용법과 사용규칙을 분석하여 교육 문제 논의에 사용한다. 예컨대, 피터스는 일상적으로 사용되고 있는 교육의 개념을 규범적 준거 · 인지적 준거 · 과정적 준거로 나누어 분석하였다. 가치문제에 소극적인 비트겐슈타인 후기 철학과는 달리, 피터스는 교육이 가지고 있는 규범적 측면을 적극적으로 드러내고 있을 뿐만 아니라 그것의 정당화를 시도하고 있다. 그가 보기에, 어떤 식으로 규정하든지 간에 교육은 가치 추구와 관련이 있으며, 교육개념의 분석은 그 자체로 의미를 지닌다기보다는 그것의 정당화와 관련하여 의미를 지닌다.

런던학파를 중심으로 영국의 분석적 교육철학자들은 '교육' '교수' '학습' '위교(indoctrination)' '자율성' '지식' '이성' '발달' '창의성' '비판적 사고' '지능' '정서' '자유' '평등' '권리' '권위' '벌' '습관' '도덕' '필요' '흥미' '행복' '민주주의' '다원주의' '교육 실제' 등과 같은 교육의 주요 개념들을 명료히 분석하고, 교육개념 사이의 상호관련성을 탐색하였다. 그들은 또한 주요 교육이론, 예컨대 '아동중심 교육'에 숨어 있는 불명확하거나 혼동되어 있는 개념과 의심스러운 주장을 해명하고, 그러한 주장 속에 들어 있는 논리적 가정이 무엇인가를 드러내는 작업을 하였다. 나아가 영국의 분석적 교육철학자들은 교육에서 가치 있는 활동(worthwhile activities)이 어떤 것이고, 교육에서 지식이 차지하는 위치는 무엇이며, 교육에서 왜 이론적 활동을 추구해야 하는가 등을 밝히고 정당화하는 일을 하였다.

피터스를 비롯한 런던학파가 분석철학적인 방법으로 정당화하고자 한 가치는 한마디로 '자유교육(liberal education)' 이념이다. 현대적 자유교육 이론의 대표적인 학자인 피터스(Peters, 1966; Peters, 1977)와 허스트(Hirst, 1965; Hirst, 1974) 간에 다소 관점의 차이가 있기는 하지만,[4] 그들은 공통적으로 자유교육의 가치인 합리성, 이론적 지식, 자율성 등을 강조한다. 그들이 보기에, 좋은 삶은 교육의 내재적 가치에 해당하는 합리성을 추구하는 삶이며, 교육의 목적은 다름 아닌 합리적 마음을 발달시키는 데 있다. 마음과 지식 간에는 논리적인 관련이 있으므로, 지식의 획득은 필연적으로 마음의 발달과 관련되어 있다(Hirst, 1965: 123). 그러므로 합리적 마음을 발달시키기 위해서는 인간 삶의 형식을 반영하고 있는 여러 가지 '지식의 형식'에 학생을 입문시키는 것이 불가피하다. 그러므로 피터스와 허스트의 자유교육은 결국 (이론적) 지식과 이해의 추구로 특징지을 수 있다. 자유교육 이념의 정당화는 "왜 (이론적) 지식을 추구하는 것이 가치 있는가?"라는 질문을 심각하게 하는 사람은 이미 "(이론적) 지식을 추구하는 것이 가치 있다."라는 점을 논리적으로 가정하고 있

4) 피터스와 허스트의 자유교육론 간에는 자유교육의 출발점, 규정 방식 그리고 교육과 자유교육의 관련성 면에서 상이하며, 이에 관한 자세한 사항은 유재봉(2000; 2002a: 1장)을 참조.

다는 소위 칸트류의 '선험적 논의(transcendental argument)'의 방식에 의존한다. 피터스와 허스트가 정립한 자유교육론은, 오헤어(O'Hear, 1981)가 말했듯이, 그 당시 서양 교육에 있어서 '교육에 관한 표준적 견해'로 받아들여질 정도였다.

피터스에 의하면, 분석적 교육철학의 주요 관심 영역은 크게 네 가지이다. 첫째, 교육개념 분석으로, 교육에서 사용되고 있는 주요 개념을 분석하는 일이다. 교육에서 사용되는 주요 개념인 '교육' '수업' '훈련' 등을 분석하는 일은 교육철학의 이론이나 주장을 검토하기 위한 토대가 된다. 둘째, 교육 윤리학으로, 바람직한 교육내용과 절차에 관한 상정에 윤리학과 사회철학을 적용하는 일이다. 교육철학은 교육 활동에서 어째서 자유, 평등, 인간 존중 등을 방법상의 원리로 받아들여야 하는가를 정당화하는 일을 수행해야 한다. 셋째, 교육 심리철학으로, 교육과정에 대해 교육심리학자가 사용하고 있는 개념구조와 상정들을 검토하는 일이다. 교육이 마음의 계발과 관련되어 있다면, 교육철학은 교육받은 상태로서의 마음을 어떻게 이해해야 하는지에 관한 검토가 요청된다. 넷째, 교육과정 철학으로, 교육과정의 내용과 조직 및 학습에 관련된 질문들의 철학적 성격을 검토하는 일 등이다. 예컨대, 왜 학교에서 당구나 골프가 아닌 수학과 과학을 가르쳐야 하는가의 질문들을 정당화하는 일이 교육철학의 주요 관심사이다(Peters, 1966: 9; Hirst, 1998: 10).

피터스는 또한 영국 교육철학의 성격과 범위를 규정하는 데 지대한 영향을 미쳤다. 피터스는 교육철학을 '응용철학의 한 분야(an applied branch of philosophy)'로 보았다. 즉, 교육철학은 철학의 주요 관심사를 교육 문제와 관련하여 논의하는 학문이다(Hirst, 1998:

12). 그러므로 피터스가 보기에, 교육철학은 현대철학의 한 분야이면서 동시에 교육학의 주요 분야라는 독특한 특징을 동시에 갖고 있다. 이러한 피터스의 교육철학의 성격 규정은 많은 (순수) 철학자들을 교육 문제에 대해 고민하게 하고 논의하는 장으로 끌어들이게 하였으며,[5] 단기간에 교육철학을 순수철학 못지않은 엄밀하고 정치한 학문으로 거듭나게 하였다.

그러나 교육철학을 응용철학의 한 분야로 보는 것은 교육철학의 성격을 왜곡시킬 수 있다. 교육철학을 응용철학이라고 말할 때, '응용'이라는 말은 그 자체가 분명하지 않은 개념이며, 이 점 때문에 교육철학의 학문적 성격을 모호하게 만들 수 있다. 교육철학을 응용철학의 한 분야로 보는 것의 심각한 문제점은 철학과 교육의 관계가 일방적이라는 데 있다. 말하자면 교육철학은 교육의 문제를 해명하고 해결하기 위해 전적으로 철학 내용과 방법에 의존해야 하는 관계, 즉 철학은 개념분석의 결과를 제공하고, 교육철학은 그 결과를 교수와 학습에 적용하는 관계로 보게 한다. 이러한 상황에서 교육철학자들이 할 수 있고 해야 하는 일은 기껏해야 순수철학자들이 탐색해 놓은 심리철학, 인식론, 윤리학의 개념들을 교육 문제에 적용하는 일이다. 철학과 교육의 관계가 무엇인가를 밝히는 것은 복잡한 논의가 요구되는 문제이지만, 한 가지 분명한 것은 교육철학이 철학

5) 교육 문제를 철학적으로 논의한 저명한 철학자로는 라일(G. Ryle), 오크쇼트(M. Oakeshott), 함린(D. Hamlyn), 플루(A. Flew), 퀸턴(A. Quinton), 헤어(R. M. Hare), 오코너(D. J. O'Connor), 윌리엄스(B. Williams), 워녹(M. Warnock), 홀리스(M. Hollis), 그리피스(A. P. Griffiths), 쿠퍼(D. E. Cooper) 등을 들 수 있다.

의 인접 학문이기는 하면서도 철학에 종속되는 관계는 아니라는 점이다.

피터스는 또한 교육철학의 방법론이 기본적으로 분석철학적, 즉 교육개념에 대한 철학적 분석이어야 한다고 본다. 그리하여 그는 교육의 여러 핵심적 개념을 예리하게 분석하고 명료하게 하는 일, 교육의 개념구조를 명백히 밝히는 일, 교육적 주장이나 논의에 들어 있는 함의나 논리적 가정을 밝히고 논리적 지형도를 그리고 논리를 검토하는 일, 교육의 가치를 정당화하는 일 등을 하였다. 그렇다고 하여 피터스가 철학적 분석 방법만을 교육철학의 전유물로 본 것은 아니다. 피터스의 이러한 방법론적 융통성은 부분적으로는 고전철학, 현대철학사, 심리학사를 연구한 결과 때문이기도 하고, 부분적으로는 포퍼, 메이스(A. Mace), 오크쇼트, 함린 등과 교류의 영향 혹은 협력의 결과 때문이기도 하다. 그리하여 피터스는 교육의 주요 개념이 보편적이라거나 엄밀한 분석이 가능하다는 생각에 대한 회의와 더불어 개념과 가치의 사회맥락의 영향을 점차 인식하기 시작했다(Hirst & White, 1998: 6).

영국의 분석적 교육철학은 건강상의 이유로 피터스가 런던대학교 교육철학 교수직을 은퇴함에 따라 1980년대 이후 급격히 쇠퇴의 길을 걷기 시작하였다. 피터스의 제자이면서 세계적인 교육철학자인 화이트(J. P. White)가 피터스의 유산을 이어받았으나, 분석적 교육철학의 퇴조를 막을 수가 없었다. 다행히도 간헐적으로 분석적 교육철학에 관한 저서들이 출판되면서 분석적 교육철학의 명맥을 유지해 왔다. 그 저서들은 영국의 분석적 교육철학에 크게 공헌해 온 피터스에 대한 헌정 논문을 모은 『교육, 가치 그리고 마음(Education,

Value and Mind: Essays for R. S. Peters)』(1986)과, 허스트에 대한 헌정 논문을 모은 『자유교육을 넘어서(Beyond Liberal Education: Essays in honour of Paul H. Hirst)』(1993), 영국 교육철학 50주년 기념 강연을 모은 『영국 교육철학 50년(50 Years Philosophy of Education: Progress and prospects)』(1998) 등이다.

그러다 1998년에 허스트와 화이트(P. White)는 그동안의 분석적 교육철학 전통의 주요 논문을 모은 『교육철학: 분석적 전통에서의 주요 쟁점(Philosophy of Education: Major Themes in Analytic Tradition)』이라는 제목의 기념비적 책을 편집하여 출판하였다. 이 책은 네 권으로 구성되어 있으며, 제1권에는 '철학과 교육'이라는 제목하에 철학과 교육철학, 교육의 이론과 실제, 교육의 개념의 주제에 관한 논문 17편이 수록되어 있으며, 제2권에는 '교육과 인간'이라는 제목하에, 교육과 자율성, 교육과 마음의 발달, 지능 · 정서 · 상상과 교육, 필요 · 흥미 · 행복과 교육이라는 주제에 관한 논문 13편이 수록되어 있다. 제3권에는 '사회와 교육'이라는 제목 아래, 민주주의 · 다원주의와 교육, 정의 · 평등과 교육, 학교 교육과 권리, 사회와 학교 교육이라는 주제의 논문 23편이 수록되어 있으며, 제4권에는 '교육내용과 실제의 문제'라는 제목 아래 교육내용의 논쟁 분야, 교육 실제, 교육과정 개발의 논쟁적 이슈라는 주제의 논문 25편이 수록되어 있다. 그리고 2011년 12월 피터스의 사망을 기해 그의 교육철학의 학문적 업적을 기리는 추모 기념 강연을 모아 책으로 출판함으로써 분석적 교육철학에 관한 관심이 일시적으로 증가하기도 하였다.

2. 미국의 분석적 교육철학

미국의 분석철학은 적어도 초기에는 미국 내에 다양한 경쟁적인 철학적 주장, 특히 퍼스(C. S. Peirce), 제임스(W. James), 듀이(J. Dewey)로 대표되는 과학적 성격이 강한 자생적인 실용주의(pragmatism)의 영향으로 파급력이 그다지 크지 않았다. 분석철학이 미국에 영향력을 끼치기 시작한 것은 제1차 세계대전 이후로서 비엔나학파의 주요 철학자들이 미국에 이주하면서 미국의 경험주의적 학문풍토와 결합하여 논리실증주의와 과학철학이 풍미하였다. 미국의 분석철학은 1950년대 중반 이후에는 콰인의 철학(1953)의 영향 아래 있다고 할 수 있다.

미국의 분석철학과 분석적 교육철학에 지대한 영향을 끼친 콰인의 철학은 영국의 분석철학과 분석적 교육철학에 영향을 미친 비트겐슈타인의 후기 철학과는 두 가지 점에서 다르다. 하나는 언어의 성격에 대한 입장 차이다. 비트겐슈타인이 언어를 우리가 일상적으로 사용하고 있는 관례적인 규칙의 문제로 보고 언어의 의미도 관례적인 단어 사용규칙으로 본다면, 콰인은 언어를 경험주의적 성격을 띤 것으로 보고 언어의 의미와 지식도 과학적인 것으로 간주하여 행동주의적 설명체계를 따르고 있다. 다른 하나는 언어의 자율성에 대한 입장 차이다. 비트겐슈타인이 언어의 자율성을 인정하고 언어의 의미를 기본적으로 우리가 살아가고 있는 세계를 의미 있게 만드는 다양한 언어게임으로 본다면, 콰인은 언어에 대해 행동주의적 접근을 취함으로써 언어의 자율성을 부인하며, 언어의 의미와 지식의 접근 방식에 있어서 여전히 경험주의적 환원 형태를 취하고 있다 (Hirst, 1998: 13-14; Hirst & White, 1998: 8-9). 이러한 언어에 관한 입장 차이는 영국의 분석적 교육철학과 미국의 분석적 교육철학의 성격 차이를 가져왔다고 할 수 있다.

1960년 이전의 미국의 교육철학은 철학 이론이나 지식을 교육에 적용하는 것으로 보는 견해가 지배적이었다. 특히 미국에서 자생한 실용주의(pragmatism)와 그 대표자인 듀이의 영향이 절대적이었다. 이 당시 미국의 교육철학은, 듀이의 견해를 옹호하든 반대하든 간에, 듀이의 교육 아이디어를 벗어나 논의하는 것이 거의 불가능할 정도로 듀이의 관점이 지배적이었다. 그러다가 1950년대 말엽부터 미국은 점차 분석적 교육철학이 소개되고, 그 후 약 20여 년 동안 분석적 교육철학이 주류를 형성하였다. 그러나 한 가지 지적되어야 할 것은 분석적 교육철학이 주도하는 동안에도 미국의 교육철학 내에는 다양한 교육철학이 존재했다는 점이다. 미국의 분석적 교육철학은 듀이 교육의 영향과 과학철학 전통이 강하게 스며 있었다. 이러한 경향은 미국의 분석적 교육철학의 선구자라고 할 수 있는 하버드 대학교의 셰플러에서도 찾아볼 수 있다.

셰플러는 교육철학이 순수철학과 밀접한 관련성을 가져야 한다는 전제 아래, 철학과 교육철학을 넘나들며 미국의 교육철학 발전에 많은 영향을 미쳤다. 셰플러는 설명, 인지적 중요성, 확증의 본질 등 과학철학의 핵심 문제를 논의한 『탐구의 해부(The Anatomy of Inquiry)』(1963), 과학의 객관성과 과학적 방법의 객관성 문제를 논의한 『과학과 주관성(Science and Subjectivity)』(1967) 등에서 보듯이, 과학철학 문제에 관심을 가졌다. 그는 또한 『4인의 실용주의자(Four

Pragmatists)』(1973)에서 보듯이, 대표적인 실용주의자인 퍼스, 제임스, 듀이, 미드(Mead) 등의 저작을 비판적으로 검토함으로써 실용주의 운동에 대해 논의하기도 하였다. 그러나 셰플러 교육철학의 가장 뚜렷한 특징이면서 미국의 교육철학에 끼친 공헌은 분석철학적 방법을 교육의 주요 개념, 교육이론 그리고 다양한 교육 실제의 분석에 도입하여 미국 분석적 교육철학의 전통을 주도한 점이다.

셰플러(Scheffler)가 분석적 교육철학에 관심을 가지게 된 것은 「분석적 교육철학을 지향하며(Toward an analytic philosophy of education)」(1954)라는 논문으로 볼 수 있다. 그는 이 논문에서 교육철학이 교육 실제와 관련된 주요 개념을 엄밀하게, 그리고 논리적으로 분석하는 학문이라고 천명하였다. 그 이후 그는 『철학과 교육(Philosophy and Education)』(1958)을 편집함으로써 본격적으로 철학적 분석 방법을 교육에 적용하려 하였다. 이 책의 의도는 교육 문제와 관련된 분석철학자의 글을 소개함으로써 교육에서 분석철학적인 접근이 어떤 것인가를 보여 주는 데 있다.

셰플러가 쓴 분석적 교육철학의 대표적인 저서는 『교육의 언어(The Language of Education)』(1960)이다. 그는 이 책에서 교육에서 사용되고 있는 다양한 정의와 언어적 형태를 분석하고 있다. 셰플러는 교육을 정의하는 방식이 다양하다는 점, 그리고 그것은 크게 기술적 정의(descriptive definition), 약정적 정의(stipulative definition), 강령적 정의(programmatic definition) 방식이 있다는 점을 설명하고 있다. 그는 또한 교육에서 사용되고 있는 성장, 주형, 유기체 등의 대표적인 비유를 분석 · 논의하고 있다. 셰플러는 교육의 정의 방식과 교육의 비유를 통해 교육이 무엇인지를 명료히 밝히는 것을 넘어서, "우리는 교과를 가르치는 것이 아니라 아동을 가르친다."와 같은 진보주의 교육 슬로건을 분석하고 그것이 무엇을 의미하는지를 명백히 밝히고 있다. 이 책 마지막 부분에서는 교육의 핵심 개념이라고 볼 수 있는 교수(teaching) 개념을 이유와 합리성과 관련하여 분석하여 제시하고 있다.

교육에 있어서 이성 혹은 합리성을 강조하는 셰플러의 생각은 인식론의 핵심적 문제인 지식, 진리, 신념, 증거, 이유, 정당화 등을 교육과 관련하여 논의한 『지식의 조건(Conditions of Knowledge: An Introduction to Epistemology and Education)』(1965), 자신의 다양한 분석적 교육철학 논문들을 모아 놓은 『이성과 교수(Reason and Teaching)』(1973) 등에서 엿볼 수 있다. 셰플러가 보기에, 교육은 근본적으로 합리성을 촉진시키는 일이다. 교수(teaching)는 표준적 의미에서 학생들의 이성, 즉 학생 스스로가 독립적으로 이유를 제시하고 판단할 수 있는 능력이 있다는 것을 전제하고, 그러한 것을 존중하는 활동이다.

피터스나 허스트처럼, 셰플러는 교육의 주요 개념들을 분석하고 명료화하고, 다양한 교육적 주장에 들어 있는 논리를 정교하게 가다듬기는 하였으나, 교육적 가치나 주장을 정당화하는 일에는 상대적으로 소홀하였다. 피터스와 마찬가지로, 셰플러도 1980년대에 접어들면서 그의 관심사가 교육의 주요 개념과 논리 등 이론적인 분석에서 점차 실제적 문제의 해결로 바뀌게 된다. 이러한 경향은 인간 본성과 잠재력의 문제를 철학적으로 분석하고 정책과 관련하여 논의함으로써 실제적 이론을 모색하고 지향하는 『인간잠재력(Of Human Potential)』(1985), 삶의 현장의 관심사인 직업 혹은 일과의 관계를 분석하고 논의한 『일, 교육과 리더십(Work, Education and Leadership)』(1995) 등에서 볼 수 있다(Siegel, 2001).

미국의 분석적 교육철학은 하버드대학교의 셰플러 외에도 컬럼비아대학교의 솔티스(J. F. Soltis)와 컬럼비아 사범대학 저널인 『사범대학 논문집(Teachers College Record)』, 일리노이대학교의 파인버그(W. Feinberg)와 일리노이대학교 중심의 저널인 『교육이론(Educational Theory)』 그리고 미국에서 발행되고 있는 『교육철학연구(Studies in Philosophy and Education)』 등을 통해서 확대되었다. 솔티스는 교육의 개념, 지식, 교수, 학습, 이해, 설명 등을 철학적으로 분석하였으며, 파인버그는 주로 사회 정의, 자유, 평등 등 자유민주주의 사회의 가치를 분석하였다.

미국의 분석적 교육철학은 초기에는 엄격한 과학적 · 가치중립적 태도에 따라 교육과 관련된 주요 언어 혹은 개념을 면밀하게 분석하였다. 그러다가 점차 교육적 언어 혹은 개념의 다원성을 인정하고, 나아가 가치의 문제나 역사적 문제를 포함하는 방향으로 변화되었다. 솔티스(Soltis, 1971)는 교육철학에서 분석철학적 방법이 등장해 전통적인 접근을 대체해 나가는 과정, 그리고 분석철학 내에서도 변칙현상들, 즉 내적인 변칙현상(명제적 지식과 방법적 지식)과 외적인 변칙현상(가치문제의 개입)이 발생해 가는 과정을 쿤의 패러다임 이론에 비추어 설명하였다. 솔티스가 지적했듯이, 분석적 교육철학이라고 해서 늘 동일한 성격을 지니고 있었던 것은 아니며, 분석적 교육철학은 내적 혹은 외적 변칙현상에 직면하여 그 성격이 변할 수밖에 없었다(Edel, 1973: 233). 이러한 과정을 거쳐 1980년대에 접어들면서, 인간의 본성을 새롭게 규정하려는 노력과 사회적 실제에 관한 관심이 증가하면서 미국의 분석적 교육철학은 종언은 아닐지라도 상당한 기세를 잃고 만다.

3. 기로에 선 분석적 교육철학: 실천적 교육철학 지향

영미 분석적 교육철학은 기존의 철학 이론이나 지식을 교육 문제에 적용하거나 교육사상사를 탐구하는 학문으로 간주해 온 전통적 교육철학의 성격을 바꾸는 데 결정적인 역할을 하였다. 분석적 교육철학은 근본적으로 교육이나 교육의 주요 개념을 분석하고 교육적 주장이나 논의에 들어 있는 논리적 가정을 밝히는 이차적 혹은 반성적 성격을 지니고 있다. 분석적 교육철학은 그것이 지닌 이차적 혹은 메타적 성격상 가치문제를 적극적으로 제시하는 데는 한계가 있다. 피터스나 셰플러는 교육의 규범적 혹은 강령적 측면이 있다는 점을 인식하고 교육의 개념을 가치와 관련하여 논의하려 하였다. 그러나 분석철학이 가능한 가치중립적인 태도로 언어의 의미를 명료히 하려는 그 자체가 가지고 있는 성격 때문에 분석적 교육철학자들은 교육의 가치문제나 교육 실천의 문제를 다루지 못하였고, 그에 대한 대답을 적극적으로 제시하지 못하였다.

에델(A. Edel)도 언어를 가치중립적인 입장에서 날카롭게 분석하는 '분석철학'의 입장과 교육에서 사용되고 있는 주요 언어 혹은 개념을 교육 실천의 지침 혹은 주장과 관련하여 논의하는 '분석적 교육철학'의 입장 간에는 딜레마가 있는 것으로 보았다. 그에 따르면, 이러한 딜레마를 해결하는 방식은 분석적 방법에 "경험적 · 규범적 ·

사회 문화적 요소 등을 적절히 통합하는 데 있다"(Edel, 1973: 252). 에델이 보기에, 분석적 교육철학자가 해야 할 일은 단순히 교육에서 사용되고 있는 일상언어를 객관적으로 엄밀하게 분석하기보다는 교육의 언어들을 인간의 삶 또는 삶의 형식과 관련하여 광범하게 탐구하는 일이며, 이러한 일을 할 때 비로소 '기로에 선 교육(education at the crossroads)'을 구할 수 있다고 본다. 분석적 교육철학은 교육 실제와 관련하여 교육정책이나 제도의 문제를 분석하고 명료하게 할 수 있을지는 모르나, 사회 곳곳에 도사리고 있는 교육정책이나 교육제도의 문제를 적극적으로 해결하기에는 여전히 만족스럽지 못하다. 그러므로 헤겔의 비유를 빌려서 말하자면, 미네르바의 올빼미는 어둠이 깔린 뒤에야 비로소 날개를 펴는 것이 아니라, 어쩌면 그전에 날개를 펴서 활동해야 할지 모른다(Edel, 1973: 253).

1980년대에 들어서면서 분석적 교육철학의 한계를 극복하려는 움직임이 급속하게 일어나기 시작한다. 1980년대 이후 영미 교육철학의 방향에 실질적으로 영향을 미친 대표적인 철학자로는 롤즈(J. Rawls), 맥킨타이어(A. Macintyre), 테일러(C. Taylor), 윌리엄스, 로티 등을 들 수 있다. 롤즈(Rawls, 1971; Rawls, 1993)는 정의를 비롯한 사회철학적 문제를, 맥킨타이어(MacIntyre, 1981)는 계몽주의 도덕의 문제와 덕의 회복 문제를, 테일러(Taylor, 1985; Taylor, 1989)는 자아와 자유의 문제를, 윌리엄스(Williams, 1985; Williams, 1993)는 도덕성과 의무, 수치심과 죄의식 문제를 논의하였으며, 로티(Rorty, 1980)는 정초주의 지식관의 문제를 비판적으로 논의하였다.

이러한 철학의 영향을 받아 1980년대 이후의 영미 교육철학은 개념의 논리적 분석보다는 인간의 삶과 사회적 실제 문제에 관심을 가지게 되었다. 1980년대에 접어들면서 영미 교육철학의 대명사로 불리던 분석적 교육철학은 퇴조의 기미를 보이거나 새로운 양상을 띠게 된다. 그 이유는 크게 두 가지 때문으로 볼 수 있다. 하나는 개념분석 방법이 교육철학의 유일한 방법인지에 대한 회의 때문이고, 다른 하나는 인간, 사회, 지식, 도덕적 가치의 본질 등 인간의 근본적인 신념에 대한 적극적인 해명 요청 때문이다. 전자와 관련하여, 분석적 교육철학의 필요성에 대한 회의가 생기게 된 이유는 지난 20여 년 동안 분석철학적 방법으로 교육에 관련된 많은 개념이 다소 분명해지고, 교육 논의에 사용되는 주장과 논리의 혼란이 상당 부분 제거되었기 때문이다. 후자와 관련하여, 분석적 교육철학은 사회·정치적, 역사적 문제를 적극적으로 논의하고 해명하는 일에 소홀하거나 한계를 지니고 있었기 때문이다(유재봉, 2004: 101-102).

분석적 교육철학은 이러한 당면한 제 문제를 의식하여, 1980년대 이후 영미 교육철학은 두 가지 방향으로 전개된다. 한 방향은 사회적·역사적 맥락에 비추어 전통철학의 주장을 분석적·비판적으로 재검토하는 일이다. 이러한 입장은 기본적으로 분석철학적 방법을 유지하면서 학문의 관심사를 확대하는 방식이다. 다른 방향은 분석철학적 방법을 고집하지 않은 채, 우리가 살아가고 있는 인간과 사회를 둘러싼 다양한 철학적 문제에 관심을 두고 가치를 적극적으로 제시하는 일이다. 어느 경우이건 간에 이제 영미 교육철학의 관심사와 범위는 이전의 분석적 교육철학보다 훨씬 광범하고 다양화되었을 뿐만 아니라 교육의 사회적·정치적 문제를 적극적으로 논의하고 해명하고자 하였다.

1980년대 이후 영미의 교육철학은 지금까지 당연시해 왔던 인간,

사회, 권리, 선, 이성의 개념이 도전받기 시작하였다. 그리하여 인간 본성, 개인과 사회의 관계, 삶에서의 이성의 위치, 교육의 성격 등에 대한 새로운 해석과 시도가 일어났다. 이에 대한 부분적인 시도들은 랑포드(Langford, 1985), 화이트(White, 1990; White, 1995)나 파인버그(Feinberg, 1995) 등에서 찾아볼 수 있다. 랑포드는 교육의 사회적 성격을 강조한다. 그가 보기에, 교육이 해야 할 일은 사회의 가치를 자신의 가치로 내면화하여 행위하는 실천적인 사회 구성원을 기르는 일이며, 그러기 위해 사람들을 사회적 실제의 전통에 입문시켜야 한다. 화이트는 자유 민주주의 사회의 맥락을 고려하여 교육 목적을 '자율적인 개인의 웰빙(autonomous personal well-being)'에 두어야 하며, 교육과정은 민주주의 절차에 의해 구성되어야 한다고 본다. 파인버그도 교육 문제가 자유민주주의 사회 맥락에서 다루어져야 한다고 본다. 그리하여 그는 자유민주주의 사회에서 중요한 교육 이슈인 자유, 평등, 사회 정의, 다문화주의 등을 철학적으로 분석·논의하였다(유재봉, 2004: 102).

분석철학적 방법으로 1980년대 이후의 변화된 동향을 하나의 교육이론으로 만든 대표적인 학자는 허스트이다. 그는 분석철학적 방법으로 현대적 자유교육 이론을 정립하고 지식과 이성의 추구라는 자유교육의 가치를 정당화하여 세계적인 명성을 가지고 있었다. 그러다가 1990년 초에 허스트는 자신의 이전 자유교육 이론을 완전히 대치하는 새로운 교육이론인 '사회적 실제에의 입문으로서의 교육(education as initiation into social practices)'을 제시하였다. 여기서 '사회적 실제'란 오랜 기간에 걸쳐 사회적으로 확립되어 온 복잡한 인간의 활동 양식으로, 보다 구체적으로 다음의 글에 잘 드러나 있다.

> 내가 말하는 사회적 실제라는 것은 단지 부분적으로만 명확히 드러날 수 있는 모종의 만족이나 목적을 달성하기 위해서 종사하는, 전통에 따른 것이든 인위적 제도에 의한 것이든 간에, 사회적으로 발달된 일관성 있는 활동 양식을 의미한다. …… 사회적 실제에 종사한다는 것은 지식, 신념, 판단, 성공의 준거, 원리, 기술, 성향, 감정 등의 요소를 포함하며, 그러한 요소들은 우리의 특정 혹은 모든 능력과 그러한 능력의 성취를 포괄하고 있다. 어떤 사회적 실제에서건 간에 이러한 요소들은 언제나 서로 복잡하게 얽혀 있어서, 다른 요소들과의 관련 속에서만 각 사회적 실제의 독특한 성격을 드러내며, 이들 요소 전체가 그 사회적 실제의 본질을 구성하게 된다. 이러한 사회적 실제는 주로 신체적인 것으로부터 학문적 혹은 이론적인 것, 그리고 상대적으로 단순한 기술에서부터 복잡한 전문적인 활동에 이르기까지 광범위하다(Hirst, 1996: 170; Hirst, 1999b: 127).

그러므로 사회적 실제에 입문한다는 것은 그 활동을 수행하는 데 수반되는 개념, 판단, 지식, 감정, 원리, 기술, 성향, 관계 등의 복합한 요소들을 성공적으로 획득하고 구사할 수 있도록 가르치는 것을 의미한다(Hirst, 1993: 127).

허스트가 교육의 관점을 전환하게 된 이유는 지금까지 의심 없이 받아들여져 왔던 자유교육 이론의 기본 전제에 대한 의심 때문이다. 자유교육의 기본 전제는 상호 관련된 일련의 다음 몇 가지 명제로 제시할 수 있다. 첫째, 자유교육의 기본 전제는 "좋은 삶은 오로지 합리적인 삶"이라는 명제이다. 잘 산다는 것은 인간의 지성이 무지나 편견 등에서 자유롭게 된다는 것이고, 자유교육은 그러한 합리적인 삶을 추구함으로써 그러한 오류로부터 인간의 지성을 해방하는 것이다. 그러나 합리적인 삶은 좋은 삶의 한 측면이기는 하지만, 어느 시대나 어떤 사회의 누구에게나 좋은 삶이라고 보기는 어렵다. 둘째, 자유교육의 기본 전제는 합리적인 삶을 영위하기 위해서는 이성 혹은 합리성을 추구해야 한다는 것이다. 여기서 자유교육에서 추구하는 이성 또는 합리성은 엄밀히 말하면 '이론적 이성(theoretical reason)' 또는 '이론적 합리성(theoretical rationality)'이다. 그런데 자유교육에서 합리적인 삶이 좋은 삶이라는 점을 인정한다고 하더라도, 우리가 합리적인 삶을 살아가기 위해서 유독 이론적 이성을 계발해야 하는 것은 아니다. 우리가 자주 목도하듯이, 이론적 이성은 합리적인 삶을 실지로 영위하는 데 무기력하기 때문이다. 셋째, 자유교육의 기본 전제는 이성과 합리성을 계발하기 위해서는 학교에서 '이론적 지식(theoretical knowledge)'을 가르쳐야 한다는 것이다. 자유교육의 이념에 기반을 둔 학교는 "빛은 직진한다."와 같은 명제나 이론적 지식을 중시해 왔다. 이 논리에 따르면, 학교 공부를 잘한 사람, 즉 이론적 지식을 많이 축적한 사람은 합리적인 삶을 살아야 한다. 그러나 이론적 지식에 해박한 사람이 언제나 합리적인 삶을 영위하는 것은 아니다. 이와 관련하여 허스트도 자신의 가장 중대한 오류는 이론적 지식이 실제적 지식이나 합리성 발달의 논리적 토대가 된다고 본 것이라는 점을 다음과 같이 고백하고 있다.

> 나의 종전 입장의 중대한 오류는 이론적 지식이 타당한 실제적 지식의 발달이나 합리적인 인간 발달을 위한 논리적 토대가 되는 것으로 본 데 있었다. 교육에서 이론적 지식의 형식이 차지하는 위치는 다른 어떤

것보다 궁극적 기반으로 생각해 왔다(Hirst, 1993: 197).

허스트의 후기 견해에 따르면, 오랫동안 이론적 지식이 실제적 지식의 논리적 토대이거나 지식의 형식이 교육에 있어서 궁극적인 기반으로 보아 온 점은 잘못이다. 이 점에서 보면, 자유교육 아이디어는 이론적 지식에 작용하는 (이론적) 이성의 위치를 지나치게 과대평가해 온 셈이다.

자유교육이 가지는 근본적인 문제에 직면하여, 허스트는 스스로 자신의 자유교육 아이디어를 대치할 새로운 교육이론을 구성할 수밖에 없었다. 그것이 바로 '사회적 실제에의 입문으로서의 교육(education as initiation into social practices)'이다.[6] 허스트의 사회적 실제에의 입문으로서의 교육 아이디어는 1980년 이후의 인간 본성, 개인과 사회의 관계, 삶에서의 이성의 위치, 교육의 성격 등에 대한 변화된 관점을 반영하고 있다. 이러한 허스트의 교육 아이디어는 공리주의와 합리주의를 변증법적으로 발전시킨 것이다. 허스트에 의하면, 인간은 한 사회 내에서 자신의 전반적인 욕구를 장기적 관점에서 최대한 충족시키는 존재이다. 인간의 물리적 · 심리적 · 사회적 욕구나 관심을 충족시키는 행위를 합리적으로 만드는 것은 이론적 지식을 발달시키는 추상적 혹은 이론적 이성이 아니다. 오히려 그러한 행위를 합리적으로 만드는 것은 활동 그 자체이며, 자신의 그러한 욕구나 필요를 충족시키기 위해 온갖 시행착오를 거듭하

6) 허스트의 후기 아이디어에 대한 상세한 내용은 Hirst(1993, 1998, 1999a, 1999b)와 유재봉(2001, 2002a, 2003), Yoo(2001)를 참조.

면서 얻어 낸 성공적인 경험이다. 우리는 성공적인 경험을 획득하기 위해서 여러 가지의 사물, 사건, 행동 패턴, 행위 원리 등을 분류한다. 그러나 그것은 추상적인 명제로 표현되는 용어가 아닌 실제 경험의 세계를 포괄하는 논의이다. 여기서 이론적 이성의 역할은 기껏해야 그러한 욕구나 관심이 무엇인가를 개념화하고 정교하게 하는 데 그친다.

자유교육의 논리는 잘 사는 것이 합리적인 삶을 영위하는 것이고, 합리적인 삶을 영위하기 위해서는 이성을 계발해야 하며, 이성을 계발하기 위해서는 이론적 지식을 가르쳐야 한다는 것이다. 이러한 논리에 따라, 자유교육은 이론적 이성과 이론적 지식을 지나치게 강조해 왔다는 것이 허스트의 판단이다. 허스트의 후기 견해에 따르면, 사회적 존재로서 인간은 자신이 소속되어 있는 사회 안에서 자신에게 실지로 좋은 삶을 영위해 간다. 즉, 자신의 전반적인 욕구를 장기적인 관점에서 최대한으로 충족시켜 나간다. 그러한 과정에서 요구되고 발휘되는 것은 이론적 지식을 추구하는 것과 관련된 이론적 이성이라기보다는 인간의 실천적 삶에서 잘 살아가는 것과 관련된 '실천적 이성(practical reason)'이다.[7] 인간은 실천적 이성을 구사함으

7) 실천적 이성과 이론적 이성이 상이한가, 동일한가에 대해서는 논의의 여지가 있다. 혹자는 실천적 이성도 이성이니만큼 별개의 것일 수 없다고 주장하고, 혹자는 두 이성은 성격이 다른 이성이라고 한다. 이에 대한 필자의 관점은 다음과 같이 요약할 수 있다. 이론적 이성과 실천적 이성은 본질상 동일한 합리성을 추구하는 이성의 작용으로 상호 배타적인 것이 아니다. 그러나 두 이성은 적용 대상, 추구 목적, 기능이나 성격 면에서 상이하다. 이론적 이성이 이론적 지식이나 명제의 진위를 판단하는 데 작용하는 이성이라면, 실천적 이성은 인간 선을 성취하는 데 작용하는 이성이고, 이론적 이성이 정당화된 신념 추구에 목적을 둔다

로써 좋은 삶을 영위하는 데 요구되는 실제적 지식과 다양한 사회적 실제의 그물망을 합리적으로 발달시킬 필요가 있는 것이다. 요컨대, 교육은 학생을 사회적으로 발달해 온 다양한 형태의 합리적인 '사회적 실제(social practices)'에 입문시킴으로써 실천적 이성에 따른 좋은 삶을 실지로 영위하도록 하는 일이다. 따라서 교육과정도 사회와 다소 유리된 추상적인 명제나 이론적 지식보다는 그 사회의 중요하고 지배적인 사회적 실제로 구성되어야 한다.

허스트는 후기 교육 아이디어를 다음과 같이 간명하게 요약하였다.

- 좋은 삶은 이론적 이성이 아닌 실천적 이성에 의해 결정되는 삶으로 이해된다.
- 실천적 이성은 인간의 필요나 관심에 대해 비판적으로 반성하는 과정에서 발달된 실제에 드러난다.
- 좋은 삶은 자신의 필요나 관심 전체를 장기적인 관점에서 만족시키기 위한 다양한 실제와 관련하여 발달하게 되는 비판적으로 성찰한 삶이다.
- 교육의 전반적인 목적은 그러한 좋은 삶을 발달시킬 수 있는 다양한 실제에의 입문으로 이해될 수 있다.
- 그러한 실제에의 입문은 그 자체가 사회적 실제이고, 그러한 사회적 실제는 비판적으로 성찰한 실제에서 발달될 수밖에 없다 (Hirst, 1999b: 132).

면, 실천적 이성은 정당화된 행위에 목적을 두며, 이론적 이성이 진리의 판단에 기능하는 이성이라면, 실천적 이성은 인간 선을 추구하는 데 기능하는 이성이다 (유재봉, 2006: 74).

허스트의 사회적 실제에의 입문으로서의 교육 아이디어는 명시적이든 암묵적이든 간에 영미 교육철학에 큰 영향을 미치고 있으며, 실지로 영국과 미국에서 발행되는 논문이나 책에서 광범위하게 구체적으로 드러나고 있다. 가장 대표적인 것은 영국 교육철학회에서 1999년부터 발행하기 시작한 '임팩트(Impact)' 시리즈이다. 이 시리즈의 간행물들은 현행 영국의 교육정책 이슈들을 철학적으로 논의 · 분석하여 소책자로 발간하고 있다. 여기서 다루어진 주제들은 교육 측정과 평가, 교사의 수행과 성과급, 교육 평등과 학교 선택, 직업 교육의 미래, 학교에서 외국어 교육의 정당성, 국가 교육과정의 목적, 성교육, 사고하는 교수 기술, 영국에서의 학교 장학, 개인적 · 사회적 교육과 보건교육 등 다양한 사회적 · 교육적 현안들이다.

이상에서 보았듯이, 1980년 이후 영미 교육철학의 표면상의 특징은 교육 문제에 대한 관심사가 광범위해졌을 뿐만 아니라 접근 방식도 다양화되었다는 점이다. 이 시기의 영미 교육철학의 관심사는 교육의 주요 개념을 분석하거나 교육적 주장과 논의의 논리적 가정을 밝히는 등의 순수 이론적 혹은 학문적 관심에서 인간의 삶과 직접으로 관련된 다양한 사회적 · 정치적 문제와 교육 정책 등과 같은 교육 실제와 관련된 문제로 변화되고 확대되었다. 말하자면, 1980년대 이후의 교육철학은 교육 현실의 문제를 철학적으로 논의하고, 그에 관한 대답을 제시하는 학문으로 이해된 셈이다. 교육철학의 방법은 여전히 분석철학적 방법이 주류를 이루고 있지만 다양한 철학적 전통 속에 통합되어 있으며, 분석적 교육철학의 전통을 가진 학자들도 교육개념이나 교육이론 분석보다는 교육 실제나 교육정책의 문제를 분석적으로 논의하고 있다. 이러한 점 때문에 1980년 이후의 영미 교육철학이 분석적 교육철학의 연장인지, 아니면 그와 전혀 다른 성격의 교육철학인지에 관해서는 논쟁의 여지가 있다.

1980년대 이후에 변화되고 있는 사회철학의 동향과 강화되고 있는 교육 실제에 관한 관심을 적극적으로 수용하면서도 분석철학적 방법을 고수하고 있는 허스트와는 달리, 카(W. Carr)는 유사한 주장을 견지하면서 분석철학의 방법에 얽매이지 않는다. 카는 현행 교육철학이 교육 현장이나 교육 실제와 괴리되어 있다는 반성에 기반하여 실천적 교육철학을 지향해야 한다고 주장하였다. 그가 말하는 '실천적 교육철학'은 단순히 교육이론을 배우는 것을 넘어서 교육 실제에 적용해야 한다고 주장하는 데 그치는 것이 아니다. 카가 보기에, 교육이론을 교육 실제에 적용하는 방식으로는 교육이론과 교육 실제의 간극을 메울 수 없다. 이러한 문제를 해결하기 위해 카는 교육이론보다는 교육 활동에 종사하고 있는 교육실천가의 일과 역할을 강조하며, 교육철학이 교육실천가의 하는 일과 직접적으로 관련되어 있다는 점에서 교육철학은 '실천적' 성격을 띤다. 카는 또한 교육실천가의 '성찰적' 성격을 강조한다. 교육철학은 단지 교육실천가의 교육 활동이나 그와 관련된 역할만으로 부족하며, 교육실천가가 자신의 활동을 성찰하고 검토하는 일이 요구된다. 그러므로 카의 실천적 교육철학은 교육 활동에 종사하고 있는 교육실천가가 자신의 하는 일을 성찰하고 검토하는 일이다(Carr, 1995; Carr, 2004).

허스트와 카는 교육철학이 교육 실제 문제에 관심을 가져야 한다는 점에서는 다르지 않다. 그러나 교육철학의 성격이 무엇인지와 교육철학이 교육 실제의 문제 해결에 공헌하는 방식 면에서 상이하다. 허스트는 교육철학이 교육 실제의 문제 해결을 위해 기여할 수 있는 방식은 교육 실제와 관련된 개념들을 분석함으로써 명료화하고, 다양한 교육적 주장 속에 들어 있는 논리적 가정과 함의를 밝히는 등 논리적 지형도를 그림으로써 가능하다고 본다. 허스트는 교육철학이 교육과 관련된 개념들을 분석하고 명료화하는 일을 중시한다는 점, 교육적 주장의 논리적 관계를 밝히고 논리적 지형도를 그려 내는 일을 핵심적인 일이라고 본다는 점에서 여전히 분석적 교육철학의 입장을 견지하고 있다고 볼 수 있다. 그가 보기에, 교육철학은 교육학의 다른 분과 학문과 달리 엄밀한 논리적 분석과 치밀한 이론적 논의가 요구되며, 따라서 교육철학은 '이론적 성격'을 띨 수밖에 없다.

이에 비해, 카는 교육철학이 교육 실제 문제 해결에 공헌하는 방식은 교육 활동에 종사하고 있는 교육실천가에 달려 있고, 교육철학은 그들이 하는 일을 성찰하고 검토하는 일이라고 본다. 허스트와 달리, 카는 교육철학은 철학의 한 분야라기보다는 교육학의 영역이라는 점을 강조하며, 철학이라는 용어를 포괄적이면서 느슨한 의미로 사용한다. 이러한 의미로 교육철학이라는 말을 사용할 때, 여기서 강조되는 것은 교육 실제에 참여하는 일이고, 교육의 당사자인 교육실천가가 자신이 하고 있는 일을 성찰하는 것이다. 이 점에서 카는 교육철학이 실천적 성격을 띨 수밖에 없다고 본다. 요컨대, 허스트와 카는 교육철학이 교육 실제에 기여해야 한다는 점에서 유사하지만, 교육철학이 어떤 성격을 띠어야 한다는 점에서 상이하다고 볼 수 있다. 허스트가 여전히 분석적 교육철학의 방식을 견지하고 있다면, 카는 교육철학에서 분석적 교육철학의 방법을 고집할 필요가 없으며, 오히려 그것에서 탈피하는 것이 실천적 교육철학의 성격을 잘 드러낼 수 있다는 입장을 견지하고 있다(Hirst & Carr, 2005).

제 7 장

한국에서의 분석적 교육철학

한국에서 분석적 교육철학은, 분석적 교육철학의 본고장인 영국이나 미국과는 비교할 수 없을 정도로, 양적으로나 질적으로 부족하다고 할 수 있다. 한국의 분석적 교육철학은 1970년 중반부터, 주로 서울대학교의 이돈희 교수와 이홍우 교수 그리고 그의 제자들에 의해 교육철학이나 교육과정(철학) 분야에서 연구되어 왔다. 이돈희 교수는 미국에서 분석적 교육철학을 공부하고 귀국한 후 한국에 미국식 분석적 교육철학을 본격적으로 소개해 왔다. 그는 교육철학을 우리나라에서 전통적으로 주로 추구해 왔던 교육사상 탐구가 아닌 '교육행위의 철학적 분석'으로 규정함으로써 분석철학적 입장을 표방하였다. 이에 비해 이홍우 교수는 미국에서 공부하였으나, 주로 피터스, 허스트, 함린 등 영국 분석적 교육철학자의 영향을 받았다. 그는 분석적 교육철학을 적극적으로 표방하고 있지는 않지만, 그의 논문과 저서들에 영국식 분석적 교육철학 스타일이 깊게 배여 있다고 말할 수 있다. 이하에서는 한국에서의 분석적 교육철학의 전개 과정을 주요 학자, 학위논문과 학술논문, 저서 및 번역서 측면에서 좀 더 자세히 살펴보겠다.

1. 한국 분석적 교육철학의 전개

한국에서 분석적 교육철학이 도입되기 시작한 것은 정확히 언제부터인지에 대해서는 분명하지 않다. 대체로 1970년 초 미국에서 유학하고 돌아온 이돈희 교수와 이홍우 교수가 서울대학교 교육학과에 부임하면서부터라고 할 수 있다. 한국의 분석적 교육철학은 그들로부터 배운 제자들에 의해 확산되어 왔으며, 그 외에도 분석적 교육철학에 개인적 관심을 가진 일부 학자들에 의해 부분적으로 연구가 이루어졌다.

이돈희는 한국에 사실상 처음으로 분석철학적 교육학을 소개하고, 제자들을 분석적 교육철학에 입문시킨 대표적인 교육철학자로 볼 수 있다. 그의 논문이나 저서는 대부분 분석철학적 연구로 볼 수 있지만, 대표적인 분석적 교육철학에 해당하는 것으로는 다음 몇 가지 저서를 들 수 있다. 그것은 교육학의 탐구 논리를 분석철학의 방법으로 분석한 『교육과학의 논리』(1974)를 필두로, 인간의 교육행위를 여러 차원에서 철학적으로 분석한 『교육철학개론』(1977, 1983), 정의 개념을 중심으로 교육제도의 체제와 교육행위의 본질을 논의한 『교육정의론』(1992), 듀이의 핵심 개념인 '교육적 경험'과 '질성적 사고' 개념을 분석하고 이것을 교육행위와 제도와 관련하여 논의하고 있는 『교육적 경험의 이해』(1994) 등이다.

이돈희의 여러 저서 중에서 우리나라 분석적 교육철학 공부에 큰 영향을 준 것은 『교육철학개론』[1]이라고 할 수 있다. 이 책은 '교육행위의 철학적 분석'이라는 부제가 보여 주듯이, 확실히 분석철학적 연구라고 할 수 있다. 아닌 게 아니라, 이 책은 초기 분석철학적 입장에 충실하게 주로 일상적으로 사용하는 '교육철학'의 개념을 분석

1) 이 책은 1977년 박영사에서 처음 출판되었으나, 내용과 형식을 대폭 수정 보완하여 1983년 교육과학사에서 다시 출판되었다.

한다. 이 외에도 교육을 정의하는 방식, 교육의 목적, 교육의 기능, 교육의 내용, 교육의 방법, 교육의 윤리와 관련된 개념을 명료하게 분석하고 그와 관련된 이슈를 예리하게 드러낸다. 이 책은 분석적 교육철학의 미덕을 잘 보여 주고 있어서 분석적 교육철학을 공부하는 많은 사람에게 훌륭한 입문서로서의 역할을 하였다. 그러나 교육철학 개론서라는 성격에서 비롯된 것이기는 하지만, 교육의 가치를 정당화하는 수준에는 미치지 못하고 있는 것으로 보인다.

이홍우 교수는 스스로 분석적 교육철학자라고 자처하거나 분석적 교육철학을 추구한다고 표방하고 있는 것은 아니지만, 어느 교육학자보다 분석철학적이라고 할 수 있다. 그의 논문과 저서는 대체로 교육의 주요 개념을 분석하고, 논리적 관계를 밝히며, 특정 가치를 정당화하고 있다. 분석적 교육철학의 미덕이 잘 드러나 있는 그의 대표적인 저서들은 다음과 같다. 교과와 지식의 가치를 정당화하고 있는 『교육과정탐구』(1977), 교육의 다양한 주제를 논리적으로 비판하거나 정당화하는 『교육의 목적과 난점』(1984, 2016),[2] 대표적인 교육개념이라고 할 수 있는 공학적 개념 · 성년식 개념 · 사회화 개념을 분석 논의한 『교육의 개념』(1991) 등이다. 이 중에서 한국교육학계에 큰 영향력을 미치고 있는 『교육의 목적과 난점』은 교육에 관한 열 개의 강연으로 시작하여 해를 거듭하면서 강연이 추가되어 제7판에는 스무 개의 강연과 글이 실려 있다. 이 책은 다음 몇 가지 점

2) 이 책은 1984년에 처음 출판되었으며, '머리말을 대신하여'를 제외하면 열 개의 교육학 강연을 묶은 것이다. 이후 강연 내용을 점차 늘려 제7판(2016)에는 모두 스무 개의 교육학 강연이 실려 있다.

에서 분석철학적 미덕을 잘 갖추고 있는 저서라고 할 수 있다. 첫째, 이 책은 비록 분석철학자들이 하듯이 교육의 주요 개념들을 일일이 분석하고 있지는 않지만, 교육적 논의에 필요한 주요 개념들을 명확히 하고 있다는 점이다. 둘째, 이 책은 기본적으로 글이 명료할 뿐만 아니라 논지가 분명하고, 그 논지를 그와 다른 입장과 대비시켜 논의하는 한편, 그러한 주장에 들어 있는 함의나 논리적 가정을 드러내거나 비판하고 있다. 셋째, 이 책은 저자가 견지하고 있는 다양한 가치, 가령 이론적 지식의 우위성, 교육의 형이상학적 차원, 삶의 형식 등을 정당화하고 있다.

이돈희와 이홍우 외에 분석적 교육철학자로 분류할 수 있는 학자로는 영국과 미국에서 유학하고 온 교육철학자들과 그들로부터 배운 제자들을 들 수 있다. 전자에 해당하는 교육철학자로는 김안중, 조무남, 정진곤, 조화태, 이지헌, 임현식, 김정래, 유재봉 등을 들 수 있으며, 후자에 해당하는 교육철학자로는 신차균, 이학주 등을 들 수 있다. 이지헌, 임현식을 제외한 교육철학자들은 유학 가기 이전에 이미 분석적 교육철학에 관심을 가졌거나 가르침을 받아 입문된 사람이라고 볼 수 있다. 이 외에도 개인적 관심을 가지고 분석적 교육철학을 연구한 학자로는 신득렬, 이병승 등을 들 수 있다.

2. 분석적 교육철학 석 · 박사 학위논문 및 학술논문

한국에서 분석적 교육철학에 해당하는 학위논문과 학술논문은 다른 성격의 교육철학에 비해 상대적으로 많이 발표된 것은 아니다. 분석적 교육철학 논문은 1975~1995년 사이에 급증하였다가, 그 이후 급격히 감소해 갔다. 대체로 1970년대 중반부터 분석적 교육철학이 소개되면서 약 10년간 분석적 교육철학 석사학위논문이 증가하였으며, 그들이 박사학위논문을 발표하는 1980년대 후반까지가 한국 분석적 교육철학의 전성기라고 할 수 있다. 대부분의 분석적 교육철학의 학술논문도 주로 이 시기에 발표되었다.

분석적 교육철학에 해당하는 석사논문은 성균관대학교의 성기산 논문과 전남대학교의 이지헌 논문을 제외하고는 대부분 서울대학교 이돈희 교수의 제자들에 의해 발표된 것이다. 분석적 교육철학 석사학위논문으로는 도덕교육의 원리를 논리적으로 분석한 성기산(1977), 그리고 지식교육의 조건을 분석한 조무남(1976), 신차균(1977), 김기민(1982)의 논문이 있다. 또한 벌의 의미를 윤리학적으로 분석한 정진곤(1979), 평등 교육의 조건을 분석한 이성호(1981), 교육개념의 명료화를 시도한 이지헌(1977), 최병태(1981), 나병현(1982), 합리성의 개념을 분석한 조화태(1982), 비판적 사고의 교육적 의미를 분석한 이종태(1984), 이해의 개념을 분석한 김병희(1985), 개방적 마음의 교육적 의미를 분석한 유재봉(1985) 등의 논문이 있다.

분석적 교육철학에 해당하는 박사학위논문도 주로 서울대학교의 이돈희 교수를 비롯한 김안중 교수와 이홍우 교수의 제자들에 의해 발표되었다. 분석적 교육철학 박사학위논문으로는 신차균(1989)의 「자유교육관 연구: 그 개념과 이론적 토대 분석」, 이학주(1989)의 「실천적 행위의 교육적 의미: 마르크스와 듀이를 중심으로」, 강영혜(1990)의 「공교육제도에서의 자유교육의 의미」, 나병현(1991)의 「교육의 자율성 연구」, 조난심(1991)의 「도덕교육의 목적으로서의 자율

성: 그 의미와 한계」, 김기민(1992)의 「노작교육의 성격과 가치」, 김병희(1995)의 「교육의 선험적 기반」 등이다. 이러한 박사학위논문들은 1970년대 중반에서 1980년대 중반까지 석사과정에서 분석적 교육철학을 공부한 사람들이 작성한 것이다.

2000년 이후에는 차미란(2000)의 「오우크쇼트의 교육이론 연구」, 고영준(2008)의 「학문과 교과: 헤겔 정신현상학의 교육학적 해석」, 노철현(2008)의 「칸트 선험철학의 교육인식론적 해석」, 구리나(2011)의 「비트겐슈타인 철학의 교육학적 함의」 등도 분석적 교육철학 논문에 해당한다고 볼 수 있다. 서울대학교 이외의 분석적 교육철학 박사학위논문으로는 계명대학교 조수환(1988)의 「R. S. Peters 교육철학에 있어서의 자유와 권위」, 이병승(1994)의 「교육받은 사람의 개념 연구: Dewey 와 Peters를 중심으로」 등을 들 수 있다.

분석철학 학술논문으로는 오병문과 이지헌(1987)의 「내재적 목적론 비판」, 신득렬(1989)의 「Peters의 민주주의 개념」, 임현식(1994)의 「한국 학교교육의 교육적 가치에 대한 교육철학적 분석」, 이병승(1996)의 「'도덕적으로 교육받은 사람'의 개념 탐색」, 김정래(1997)의 「'잘삶'의 개념과 교육」, 김정래(1998)의 「교육권의 철학적 분석 및 정당화」, 정진곤(1999)의 「대안학교에서의 자유의 의미와 비판적 분석」, 유재봉(2000)의 「맥킨타이어의 '사회적 실제' 개념에 대한 논의」, 이정인과 유재봉(2018)의 「사교육의 개념 및 논의에 대한 철학적 검토」 등이다. 분석적 교육철학 논문에서 다루고 분석하고 있는 주요 교육개념은 교육, 자유, 지식, 평등, 권위, 합리성, 도덕, 이해, 이성, 학습, 민주주의, 교화, 웰빙 등이다.

3. 분석적 교육철학 번역서 및 저서

1970년 중반부터 분석적 교육철학에 관한 관심이 급증함에 따라 여러 분석적 교육철학 번역서들이 출간되었다. 그 대표적인 분석적 교육철학 번역서는 다음과 같다. 문인원 외 공역(1976)의 『교육의 재음미(The Logic of Education)』(Peters & Hirst, 1970), 이홍우 역(1980)의 『윤리학과 교육(Ethics and Education)』(Peters, 1966), 성기산 역(1982)의 『교육철학(An Introduction to the Philosophy of Education)』(O'Connor, 1957), 성기산 역(1983)의 『철학과 교육(Philosophy and Education: An Introduction)』(Langford, 1968), 성기산 역(1987)의 『교육과 지식의 가치(Education and the Value of Knowledge)』(Degenhardt, 1982), 이홍우 역(1990)의 『경험과 이해의 성장(Experience and the Growth of Understanding)』(Hamlyn, 1978), 정영홍 역(1992)의 『교육철학입문(Philosophy of Education: An Introduction)』(Moore, 1974), 임태평 역(1992)의 『교육이론의 진위(Truth and Fallacy in Educational Theory)』(Hardie, 1942), 김기수와 조무남 역(1995)의 『교육철학 탐구(Philosophical Issues in Education: An Introduction)』(Hamm, 1989), 이명준 역(2001)의 『분석적 교육철학(The Philosophy of Education: An Introduction)』(Schofield, 1972) 등이다. 여러 번역 저서 중 『윤리학과 교육』은 한국에서 가장 많이 읽힌 책 중의 하나로, 분석적 교육철학을 공부하는 사람이 반드시 공부해야 할 필독서일 정도로 분석적 교육철학의 확산에 큰 영향을 끼쳤다.

한국에서 명백하게 분석적 교육철학 저서라고 할 만한 것은 영국과 미국에 비해 많지 않다. 이돈희와 이홍우의 저서 외에, 분석적 교육철학 저서로는 홍은숙(1999)의 『지식과 교육』, 유재봉(2002)의 『현대 교육철학 탐구: 자유교육에 대한 비판 및 대안 탐색』, 조무남(2002)의 『앎과 삶 그리고 덕: 도덕교육과 지식교육의 합리주의적 지평을 넘어』 등을 들 수 있다. 이 저서들은 공통적으로 교육적 논의에서 중요한 개념을 분석하고 중요한 논리를 드러내고 비판적으로 검토하고 있으며, 교육적 주장을 자신의 방식으로 정당화하고 있다. 이 세 저서는 비슷한 문제의식에서 비롯된 것이다. 그 문제의식은 각각 '주지주의' '자유교육' '합리주의' 등 표현 방식은 조금씩 달리하고 있지만, 현행 지식교육의 문제점과 그것이 초래하는 이론과 실제의 괴리 문제를 극복하기 위한 대안을 탐색하고 있다는 점이다.

홍은숙은 '주지주의 교육'이라는 말의 애매성을 분석하고, 그와 관련된 교과관과 교과교육 모형을 검토하면서 교육에서 인격적 앎과 지식이 회복되어야 함을 주장한다. 유재봉은 현대의 자유교육 이론이 지닌 문제점을 비판적으로 검토하면서, 교육이 '사회적 실제에의 입문'이어야 한다는 점을 정당화한다. 이러한 목적을 위해, 그는 '사회적 실제(a social practice)' 개념을 비롯한 자율성, 공동체주의 등의 주요 개념들을 다양한 학자의 견해에 비추어 명료하게 분석한 후, 자유교육의 논리를 드러내고 그러한 논리를 비판적으로 검토한다. 결국 그는 교육이 사회적 실제에의 입문이어야 한다는 점을 선험적 논의가 아닌 실제적 방식으로 정당화한다. 조무남은 '앎과 삶의 괴리'라는 도덕교육의 난제를 극복하기 위해 실재론의 논리를 비판적으로 검토하고 지식과 덕의 의미론을 세밀히 분석하면서 "덕은 지식이다."라는 소크라테스의 주장 대신에 "지식은 덕이다."라는 주장을 정당화한다.

제 8 장

분석적 교육철학에 대한 평가

지금까지 분석적 교육철학과 관련하여 크게 두 가지 내용을 탐색하고 논의하였다. 하나는 20세기 '철학의 혁명' '언어적 전회' '개념분석' 등으로 불리는 분석철학이 무엇인지, 분석철학이 어떻게 시작되어 누구에 의해 어떻게 발전해 갔는지, 그리고 대내외적인 비판에 직면하여 분석철학은 어떻게 새로운 방향을 모색해 갔는지에 관해 살펴보았다. 다른 하나는 1960년대 후반 '영미 교육철학'이라 불리며 영국과 미국의 교육철학의 패러다임을 바꾸어 놓은 분석적 교육철학이 무엇인지, 영국과 미국에서 분석적 교육철학이 누구에 의해 어떻게 발전되어 갔는지, 그리고 한국에서 분석적 교육철학은 어떻게 전개되어 왔는지를 탐색하였다.

이 책의 주 관심사인 분석적 교육철학에 관해서는 세 가지 점을 탐색하였다. 첫째, 분석적 교육철학이 무엇인지를 세 가지 방법, 즉 전통적 교육철학과의 대비함으로써, (분석적) 교육철학자들이 사용하고 있는 일상적 용법을 분석함으로써, 그리고 분석적 교육철학자들이 사용하는 개념분석 방법을 제시함으로써 드러내었다. 둘째, 분석적 교육철학이 어떻게 전개되어 왔는지에 관해 영국은 분석적 교육철학의 아버지로 불리는 피터스와 그 본산인 런던대학교와 런던학파를 중심으로, 미국은 하버드대학교의 셰플러를 중심으로 살펴보았으며, 그리고 기로에 선 분석적 교육철학이 어떤 방향으로 나아갔는지에 관해서는 실천적 교육철학의 논의를 중심으로 탐색하였다. 셋째, 한국에서 분석적 교육철학의 시작과 전개 과정을 주요 학자, 논문, (번역) 저서 등을 중심으로 살펴보았다.

이하에서는 지금까지 탐색한 분석적 교육철학이 학문적으로 어떤 공헌을 하였으며, 어떤 한계를 지니고 있는지를 검토한다. 그러한 분석에 기초하여 분석적 교육철학의 전망과 과제를 제시한다.

1. 분석적 교육철학의 공헌과 한계

분석적 교육철학은 교육개념이나 교육이론을 철학적으로 분석하는 일을 하는 학문이다. 이러한 일에는 교육학에서 사용되고 있는 여러 개념을 분석하고 그 의미를 명료히 하는 일, 교육이론의 성격을 분명히 하는 일, 교육이론이나 주장 속에 들어 있는 논리적 가정과 함의를 밝히는 일, 교육적 주장이나 가치를 정당화하는 일 등이 포함된다. 분석적 교육철학은 기존의 철학 이론이나 지식을 교육 문제에 적용하거나 교육사상사를 탐구해 온 전통적 교육철학의 성격을 바꾸는 데 결정적인 공헌을 하였다. 분석적 교육철학은 근본적으로 교육의 주요 개념을 분석하고 다양한 교육적 주장이나 논의에 들어 있는 논리적 가정을 밝히는 일을 한다는 점에서 '이차적' 혹은 '반성적' 성격을 지니고 있다. 분석적 교육철학의 성격은 그 자체로 장점과 단점을 동시에 가지고 있다. 이러한 분석적 교육철학의 공헌을 몇 가지 측면에서 제시하면 다음과 같다.

첫째, 분석적 교육철학의 가장 큰 공헌은, 분석적 교육철학의 본질과 관련된 것으로, 교육에서 불분명하고 무분별하게 사용되고 있는 교육학의 주요 개념을 분석함으로써 명확히 한 점이다. 종전의 교육(학) 용어들은 모호하고 애매한 채 사용되는 경우가 많았다. 분석적 교육철학자들은 '교육(education)'의 개념과 유사하지만 혼동되고 있는 훈련(training), 교화(indoctrination), 사회화(socialization) 등의 개념을 분석하여 명료화하였을 뿐 아니라, 교육 목적으로 자주 거론되고 있는 행복, 정신건강, 비판적 사고, 창의성 그리고 교육의 과정과 긴밀하게 관련된 교수, 학습 등의 개념을 분명히 하였다. 교육(학)에서 동일한 용어를 사용하고 있지만, 그 의미가 서로 다른 경우도 비일비재하다. 예컨대, 최근에 많이 사용되고 '웰빙'이나 '학생행위주체성(student agency)'이란 개념도 불분명하기는 마찬가지다. 이러한 용어는 번역에서부터 상이한 의미를 암시하고 있다. 웰빙은 그리스어 '에우다이모니아(εὐδαιμονία)'의 번역어이다. 이 말은 행복(happiness), 좋은 삶(the good life), 잘 삶(well-being) 등으로 번역되고 있으며, 동일한 용어가 번역어에 따라 그 의미의 강조점이 다르다. 'student agency'도 학생행위주체성, 학생주체성, 학생주도성으로 번역되고 있으며, 번역어에 따라 그 의미하는 바와 뉘앙스가 달라진다. 분석적 교육철학은 전통적 교육철학에서 애매하거나 모호한 의미로 사용되고 있는 교육의 주요 개념을 분명히 하는 데 공헌해 왔고, 또한 공헌할 수 있다.

둘째, 분석적 교육철학은 교육의 개념을 분명히 할 뿐만 아니라 교육(학)에서 사용되는 문장과 주장을 분명히 하는 데도 기여하였다. 교육(학)에서 사용되는 주장은 동어반복에 그치거나 심지어 논리적 모순인 경우도 많았다. 교육에서 사용되고 있는 문장은 복합적이어서 개념적 혹은 논리적인 문장뿐만 아니라 사실을 기술하는 문장, 모종의 행동이나 태도를 요구하는 문장, 비유적인 문장, 가치판단을 내리는 문장, 심지어 감정에 호소하는 문장 등을 포함하고 있다. 분석적 교육철학은 동어반복과 논리적 모순을 지양하며, 개념적 · 분석적 명제와 사실적 · 경험적 명제 그리고 가치를 진술하거나 감정을 표현하는 가치진술적 문장과 형이상학적인 문장 등을 구분함으로써 명료하게 한다. 나아가 교육의 다양한 주장에 들어 있는 논리적 가정을 드러내고 함의를 밝힘으로써 그러한 주장의 논리적 지형도를 그리고 주요 논쟁점과 포인트를 명확하게 드러낸다. 그리하여 분석적 교육철학은 교육에서 문제 삼아야 할 것과 그러지 않은 것을 가려내고 정교하고 진전된 논의를 가능하게 하였다.

셋째, 분석적 교육철학은 교육의 다양한 가치를 정당화하는 일에도 기여하였다. 분석적 교육철학이 초점을 두어 왔던 교육의 주요 개념들을 명료화하고, 교육적 주장들 속에 들어 있는 논리적 관련과 포인트를 드러내는 일은 그 자체로도 충분히 가치 있다. 그러나 그러한 작업의 궁극적 목적은 특정 교육의 가치를 정당화하는 데 두어야 한다. '가치를 정당화한다는 것'은 목하 정당화하고자 하는 가치가 무엇이고 어떤 점에서 가치가 있는지에 대해 설득력 있는 근거를 논리적으로 제시함으로써 해명하는 것이다. 피터스와 허스트에서 보듯이, 분석적 교육철학자들은 주로 선험적 논의(transcendental argument) 방식으로 교육적 가치를 정당화하였다. 선험적 논의란 '논리적 가정(presupposition)'에 의한 정당화, 즉 어떤 주장이나 질문 속에 들어 있는 논리적 가정을 드러냄으로써 정당화하는 방식이다. 교육에서 이론적 활동 혹은 지식의 형식의 가치를 정당화하라고 요구하는 것은 교육에서 "왜 '이론적 활동' 혹은 '지식의 형식'을 가르쳐야 하는가?"라는 질문에 대해 해명하라는 뜻이다. 이 질문에 대해 피터스와 허스트는 그 질문을 심각하게 하는 사람은 이미 그 일에 헌신하고 있다는 점, 즉 이론적 활동이나 지식의 형식이 가치 있다는 점을 받아들이고 있을 때 의미를 가질 수 있음을 보임으로써 정당화한다. 그러나 분석적 교육철학의 정당화 방식인 선험적 논의는 이론적 활동이나 지식의 형식이 어째서 가치 있는지를 적극적으로 정당화하는 방식이라기보다는, 그런 질문을 심각하게 제기하는 사람은 그것이 가치 있다는 점을 논리적으로 가정하고 있다는 점을 드러냄으로써 소극적으로 정당화하는 방식이다. 그럼에도 불구하고 분석적 교육철학자들은 교육의 다양한 가치를 단순히 기술하거나 일방적으로 주장하기보다는 그것을 정당화하는 데 관심이 있다. 그리하여 분석적 교육철학은 교육에서 추구해야 할 목적 혹은 가치가 무엇인지를 밝히고, 그것을 논리적으로 정당화하는 일에 기여하고 있다고 할 수 있다.

넷째, 분석적 교육철학은 교육에서 가장 핵심적인 두 축인 지식교육과 도덕교육의 성격을 분명히 하는 데 기여하였다. 교육은 어떤 식으로 규정하든지 간에 지식을 가르치는 일과 관련되어 있다. 그러므로 교육(철)학에서 지식(의 성격)이 무엇인지, 어떤 지식을 가르쳐야 하는지, 지식을 어떻게 가르치고 획득하는지 등의 문제는 핵심 관심사라고 할 수 있다. 분석적 교육철학은 지식의 성격을 분석하고, 논리적 기준에 따라 지식의 형식을 구분하고 그것을 정당화함으로써 교육내용을 선정하고 조직하는 데 도움을 줄 수 있다. 분석적 교육철학은 또한 교수와 학습의 개념적 준거, 그리고 교수와 학습이 이루어지는 과정을 분석함으로써 지식의 성격을 구체화할 수 있다. 이러한 작업은 철학의 인식론과 구분되는 '교육인식론'의 가능성을 보여 준다. 분석적 교육철학은 또한 교육의 윤리적 성격을 분명히 하는 데 공헌하였다. 분석적 교육철학자들은 교육윤리학의 주요 개념인 '인간존중' '우애' '자유' '평등' '권위' '벌' 등의 개념을 분석하고, 이러한 개념들이 교육 상황에서 어떻게 정당하게 사용될 수 있는지를 검토하고 논의하였다. 특히 피터스는 민주주의 사회에서의 가치와 관련된 주요 개념을 분석하고, 그러한 개념과 원리 배후에 있는 논리적 가정을 밝히면서 그러한 가치의 정당화를 시도하였다.

다섯째, 분석적 교육철학은 교육철학을 엄격하면서 정교한 학문으로 거듭나게 하는 데 기여하였다. 교육철학은 어느 시대 혹은 어느 사회에서나 존재해 왔다고 볼 수 있지만, 학문으로서 교육철학이 정립된 것은 듀이의 『민주주의와 교육(Democracy and Education)』(1916)으로 볼 수 있다. 이 책에서 듀이는 처음으로 '교육철학개론(An Introduction to the Philosophy of Education)'이라는 부제를 붙였다. 듀이 이후 교육철학자들은 주로 위대한 교육사상가들의 교육 이론을 탐구하는 데 관심을 가져왔으나, 20세기 중반부터 피터스를 비롯한 런던학파를 중심으로 명료한 개념분석과 치밀한 논리를 바탕으로 하는 새로운 방식의 분석적 교육철학이 확립되었다. 이러한 분석적 교육철학이 풍미함에 따라 교육철학은 얼마 지나지 않아 기존의 학문과 어깨를 나란히 하는 엄밀한 학문으로 거듭나게 되었다. 분석적 교육철학이 유일한 교육철학인지에 대해서는 의문의 여지가 있고, 분석적 교육철학이 가지고 있는 한계도 뚜렷하다. 그럼에도 불구하고 분석적 교육철학이 교육철학을 학문적으로 혹은 방법론적으로 정립하는 데 기여하였다는 점은 분명하다고 할 수 있다.

이상에서 보았듯이, 분석적 교육철학은 교육의 주요 개념을 분석함으로써 그 의미를 명료화하고, 교육의 명제나 다양한 주장 속에 들어 있는 논리적 관계를 명백히 드러내며, 설득력 있는 논리적 근거를 제시하여 교육의 가치를 정당화함으로써 교육철학을 엄밀한 학문으로 거듭나게 하였다. 그러나 분석적 교육철학은 장점과 공헌만 있는 것이 아니라 단점과 한계도 존재한다. 분석적 교육철학이 가지고 있는 한계는 분석철학이 가지고 있는 성격과 방법론적 특징 때문에 비롯된 것으로 볼 수 있다. 분석적 교육철학의 한계를 제시하면 다음과 같다.

첫째, 분석적 교육철학은 총체적인 교육 현상을 설명하거나 처방하는 데 한계가 있다. 교육학은 교육철학, 교육사와 같은 인문학과 교육심리학, 교육사회학, 교육행정학 등 사회과학의 많은 영역을 포괄하고 있는 종합 학문적 성격을 지니고 있다. 교육의 개념을 명료하게 분석하고 논리를 분명히 하는 등 미시적인 접근을 하는 분석적 교육철학은 이러한 교육학의 전모를 드러내기에는 근본적으로 한계가 있다는 점은 분명하다. 이러한 한계를 보다 더 심각하게 노정하게 만든 것은 분석적 교육철학에 대한 오해 때문이다. 그 오해는 분석적 교육철학을 단순히 교육과 관련된 다양한 개념이나 의미를 분석하는 방법론으로 한정하는 것이다. 아닌 게 아니라, 대부분의 분석적 교육철학자들은 교육의 특정 개념을 분석하고 그것이 교육적으로 어떤 의미를 지니는지를 제시하는 것에 만족해 왔다. 그러다 보니 분석적 교육철학은 무엇을 위해 교육과 관련된 개념을 분석하는지를 망각한 채 학문적 놀이에 그치게 된 측면이 있고, 때로는 교육적으로 그다지 중요하지 않은 개념을 지나치게 세밀하게 분석하기도 하였다. 분석적 교육철학은 교육의 주요 개념을 엄밀하게 분석하는 수준을 넘어서 그것을 인간의 삶이나 삶의 형식과 관련하여 포괄적으로 탐구할 필요가 있다.

둘째, 분석적 교육철학은 교육의 가치를 적극적으로 주장하거나 제시하는 데 한계가 있다. 교육의 개념은 가치와 논리적으로 관련되어 있으므로, 교육에서 가치를 주장하는 것은 불가피하다. 그러나 분석적 교육철학은 교육의 주요 개념을 명료히 하는 데 관심이 있지만, 교육의 가치나 규범을 적극적으로 제시하는 일에는 소극적이다. 특히 논리실증주의나 과학철학을 지향하는 미국의 분석적 교육철학은 과학적이고 가치중립적인 입장을 견지하기 때문에 교육의 형이상학적 측면이나 교육의 가치를 배제하는 경향이 있다. 심지어 영국과 미국을 대표하는 분석적 교육철학자인 피터스(Peters, 1966)나 셰플러(Scheffler, 1960)조차도 교육의 개념에는 규범적 혹은 강령적 측면이 있다는 점을 인식하여 교육의 내재적 가치를 논의하고 있지만, 가능한 가치중립적인 태도를 지니고 언어의 의미를 명료히 하려는 분석적 교육철학이 가지고 있는 그 자체의 성격 때문에 교육의 가치를 적극적으로 제시하지는 못하였다. 분석적 교육철학에는 언어를 가치중립적인 입장에서 날카롭게 분석하는 '분석철학의 입장'과 교육적 가치를 추구하는 '교육학의 입장' 간에는 딜레마가 존재할 수밖에 없다. 이러한 딜레마를 해결하기 위해서는 분석적 교육철학에 '경험적, 규범적, 사회 문화적 요소' 등을 적절히 통합할 필요가 있다(Edel, 1973: 252).

셋째, 분석적 교육철학은 교육 실제나 실천의 문제를 직접적으로 논의하는 데 한계가 있다. 교육철학이 근본적인 면에서 교육학의 한 분야인 한, 그것은 교육 현장과 교육 실천의 문제에 관심을 기울이고, 그 문제를 해결하는 데 기여해야 한다. 그러나 분석적 교육철학은 본질상 이차적 성격을 지니고 있다. 여기서 말하는 '이차적 성격'이란 교육 현장이나 교육 실제의 문제를 직접 탐구하기보다는 교육실천가들이 탐구해 놓은 언어나 개념을 분석하고 검토한다는 의미이다. 분석적 교육철학은 이러한 학문적 성격 때문에 교육의 주요 용어와 개념을 분석하고 치밀한 이론적 논의에 관심을 둔 데 비해, 인간이 살아가면서 부딪히는 삶과 사회의 문제, 그리고 교육 현장에서 직면하는 교육 실천의 문제를 소홀히 하는 경향이 있었다. 예컨대, 피터스는 자유민주주의 사회의 주요 가치인 평등, 가치 있는 활동, 이익, 자유, 인간 존중, 우애, 권위, 인간, 권위, 벌, 민주주의 등의 개념을 분석하고, 그러한 개념과 원리 배후에 있는 논리적 가정을 밝히며, 정당화를 시도하였다. 그러나 이러한 시도는 사회가 지켜야 할 규칙이나 규범을 적극적으로 제시해 주는 것이기보다는 규칙이나 규범을 결정하는 과정에서 참고해야 할 일반적 지침이나 적절성에 대한 준거와 같은 절차적 원리를 제시한 것에 불과하다(Peters, 1981: Ch. 4). 분석적 교육철학은 또한 교육정책이나 제도의 문제를 해결하기에는 여전히 만족스럽지 못하다. 이러한 문제를 해결하기 위해 분석적 교육철학은 좀 더 적극적으로 사회 도처에 산적해 있는 교육 문제에 관심을 기울이고 그 해결책을 제시할 필요가 있다(Edel, 1973: 253).

2. 분석적 교육철학의 전망과 과제

분석철학과 분석적 교육철학은 20세기 후반에 들어 급격히 그 영향력이 감소하였다. 분석철학은 '철학의 혁명'의 자리에서 완전히 물러났지만, 여전히 독특한 철학의 방법으로 다른 철학과 더불어 철학적 논의에 기여하고 있다. 이에 비해 분석적 교육철학은 영국과 미국을 중심으로 1960~1980년 동안 급격한 관심을 보이다가 지금은 명맥만 유지하고 있는 형편이다. 교육학, 특히 교육철학 분야에서 분석적 교육철학의 위상이 급격히 약화된 것은 다음 두 가지 이유 때문으로 보인다. 하나는 분석적 교육철학자들에 의해 교육적 논의에 요구되는 많은 개념을 명료화함으로써 그 본래의 역할을 다했기 때문이다. 다른 하나는 분석적 교육철학이 오늘날 사회가 요구하는 시대정신을 충족시키는 데 한계가 있기 때문이다. 분석적 교육철학이 쇠퇴하게 된 데는, 그에 대한 오해와 동시에 분석적 교육철학자들이 시대와 사회의 교육적 요구에 민감하게 대처하지 못했기 때문으로 볼 수 있다. 그리하여 분석적 교육철학은 기존의 교육철학을 대체하거나 나란히 하는 '다크호스'에서 '영미 교육철학'을 일컫는 별칭으로만 남아 있을 정도로 그 위상이 현저히 떨어져 있다고 할 수 있다.

이제 분석적 교육철학은 본래의 성격을 유지한 채 시대와 사회의 새로운 도전과 교육적 요구를 적극적으로 수용하면서 변화를 모색할 것인지, 아니면 단지 명목상으로 그 이름을 유지하거나 교육철학이 갖추어야 할 철학적 미덕으로만 존재해야 하는지를 선택해야 하는 기로에 서 있다. 1980년대 이후 분석적 교육철학은 크게 두 가지 방향으로 새로운 길을 모색해 왔다. 한 방향은 기존의 분석철학 방법을 유지하면서 학문의 관심사를 대폭 확대하여 교육과 관련된 사회적·정치적 문제를 논의하고 해명하는 일이다. 다른 방향은 분석철학적 입장을 더 이상 고수하지 않은 채, 우리가 살아가고 있는 인간과 사회를 둘러싼 다양한 철학적 문제에 관심을 두고 가치를 적극적으로 제시하는 일이다. 어느 쪽의 방향이건 간에 분석적 교육철학은 엄격한 과학적이고 가치중립적 태도로 언어 혹은 개념을 면밀하게 분석하는 것에서, 점차 언어 혹은 개념의 다원성을 인정하거나 개념분석에서 가치의 문제나 역사적 문제를 포함하는 방향으로 변화를 모색해 왔다(Edel, 1973: 233; Soltis, 1978).

현 상황에서 분석적 교육철학이 새롭게 부활하거나 부흥할 수 있을 것인지의 전망에 대해서는 가늠하기 어렵다. 분석적 교육철학이 앞으로 어떻게 될 것인지에 대한 전망과 상관없이 분석적 교육철학은 교육학과 교육철학에 실질적으로 기여해야 하며, 그러기 위해서는 다음 몇 가지 과제를 해결해 나갈 필요가 있다.

첫째, 분석적 교육철학은 교육이 추구하는 인간 삶의 문제에 관심을 확장할 필요가 있다. 분석적 교육철학은 철학의 방법, 특히 교육의 주요 개념과 교육적 주장의 논리적 관계를 명료히 하는 일에 천착하다 보니 교육의 핵심 관심사인 인간의 형성과 인간 삶의 문제에 직접 개입하거나 해명하는 데 소홀한 측면이 있었다. 그러므로 분석적 교육철학이 교육학에서의 위상을 제고하고 교육 문제를 해결하는 데 기여하기 위해서는, 교육의 개념과 논리를 분명히 하는 것을 넘어서 교육의 본질에 해당하는 인간 형성과 인간 삶의 문제로 관심을 확대하는 방안을 모색해야 한다.

둘째, 분석적 교육철학은 교육에서 중요한 가치문제에 좀 더 적극적으로 관심을 기울이고 논의할 필요가 있다. 분석적 교육철학은 진위 판별이 가능한 명제에 관심을 가지다 보니 종교와 같은 형이상학적 문제나 미학이나 윤리학 같은 가치의 문제를 간과하거나 그것에 대해 소극적인 경향이 있다. 분석적 교육철학은 비트겐슈타인의 용어로 '말할 수 있는 것(saying)'에 관심을 기울인 데 비해, 말할 수 없고 오로지 '보일 수 있는 것(showing)'에 해당하는 형이상학이나 가치문제에 대해서는 소홀히 취급해 온 경향이 있다. 교육은 형이상학적 측면이나 가치 추구를 떠나서는 온전히 이해할 수 없는 것이므로, 분석적 교육철학은 종교, 윤리, 미학 등 가치의 문제에 관심을 확대하는 방안을 모색해야 한다.

셋째, 분석적 교육철학은 교육 실천의 문제에 좀 더 적극적으로 관심을 기울일 필요가 있다. 분석적 교육철학은 교육실천가들이 연구해 놓은 언어와 개념에 관심을 가지고, 그것을 성찰한다는 점에서 이차적 혹은 메타적 성격을 띠고 있다. 이러한 분석적 교육철학은 성격상 추상적일 수밖에 없으며, 따라서 교육 현장과 유리되는 경향이 있다. 그러나 교육(철)학은 교육제도나 교육 실천과 결코 무관할 수 없으며, 그렇게 되면 그 의미도 감소할 수밖에 없다. 그러므로 분석적 교육철학의 본질적 특성에 해당하는 교육의 주요 개념과 논리를 분명히 하는 일에서조차도 교육 실천의 문제를 염두에 두어야 한다.

이상에서 보았듯이, 분석적 교육철학은 교육의 주요 개념들을 분석함으로써 그 의미를 명료히 하고, 다양한 교육적 주장들의 논리적 가정과 함의를 드러냄으로써 논리적 지형도를 그리고, 교육의 가치를 선험적 논의의 방식으로 정당화함으로써 교육철학을 엄밀한 학문으로 거듭나게 하였다. 그러나 분석적 교육철학은 진위 검증이 가능한 명제에 주로 관심을 두고 분석함으로써 형이상학적 문제나 가치문제에 소극적이며, 이차적인 성격을 띤 학문의 성격상 교육 실천의 문제와 괴리가 생기는 문제가 발생하였다. 분석적 교육철학의 이러한 성격은 종합적이고 통합적인 성격을 지닌 교육의 문제를 총체적으로 접근하거나 해결하는 데 한계가 있을 수밖에 없다.

분석적 교육철학은 치밀한 분석과 논리로 교육철학을 학문적으로 엄밀하고 정교화하는 데 많이 기여했음에도 불구하고, 분석적 교육철학의 특성상 사회적 · 시대적 과제를 해결하는 데 무기력하였다. 그리하여 현행 분석적 교육철학은 그 위상이 급격히 추락하여 분석적 교육철학의 본고장이라고 할 수 있는 영국에서조차 분석적 교육철학을 표방하는 학자보다, 대륙 교육철학을 하는 학자가 많아지고 있다. 이제 대부분의 분석적 교육철학자들은 전형적인 개념분석이나 논리적 지형도를 그리는 것에 주 관심을 두기보다는 자신의 주장을 설득력 있게 하기 위한 수단으로 그러한 방법을 사용하고 있는 형편이다. 기로에 선 분석적 교육철학은 본연의 일을 포기하거나, 아니면 기존에 해 오던 전형적인 개념분석을 넘어서 교육적 가치를 적극적으로 주장하는 방식 또는 교육 실천의 문제를 해결하기 위해 분석적 교육철학의 방법을 사용하는 방식으로 방향을 전환할 필요가 있다. 필자가 보기에, 분석적 교육철학은 거대한 사회적 · 시대적 교육의 역할에 대한 도전에 직면하여 기존의 개념분석, 논리적 지형도 그리기, 정당화 등을 포기하기보다는 그러한 학문적 전통과 유산을 더 정교하게 발전시키면서, 동시에 사회적 · 시대적 과제를 피하지 않고 적극적으로 논의하고 해결해 나가야 한다.

제 9 장

에필로그

20세기 '철학의 혁명'이라 불린 분석철학은 케임브리지학파의 러셀과 무어에서 시작되어 비트겐슈타인을 거치면서 개화하여 철학의 판도를 완전히 바꾸어 놓았다. 결코 흔들리지 않을 것 같았던 분석철학은 한 세기가 채 지나기 전에 여러 내적·외적 비판을 받으면서 그 영향력을 크게 상실하였다. 분석철학은 개념분석을 통해 언어의 의미를 명료히 하는 것을 중시하지만, 특정한 철학적 이론체계가 존재하는 것이 아니어서 한마디로 규정하기 어렵다. 아닌 게 아니라, 분석철학은 학파에 따라 강조점이 다소 상이하다. 비트겐슈타인의 전기 철학과 케임브리지학파가 '그림 이론', 즉 언어가 세계를 있는 그대로 묘사한다는 점을 강조한다면, 비엔나학파는 과학주의를 지향하는 '검증주의', 즉 진위를 판별할 수 있는 명제의 사용을 강조한다. 비트겐슈타인의 후기 철학과 옥스퍼드학파는 '용도 의미론', 즉 언어의 의미는 별도로 존재하는 것이라기보다는 우리가 일상적으로 사용하고 있는 말의 쓰임새라는 점을 강조한다.

그러나 분석철학을 열광하게 만들고 매력 포인트였던 것이 이제는 역설적으로 비판받는 포인트가 되었다. 가령, 분석철학은 언어의 의미나 개념분석에 치우친 나머지 역사성을 간과한다거나 총체적 조망을 결여하고 있다는 반론, 과학주의를 지향함에 따라 형이상학을 거부한다거나 윤리와 가치의 문제를 소홀히 한다는 반론 등이다. 이러한 비판에 직면하여 분석철학은 이 철학이야말로 유일한 철학이거나 진정한 철학이라는 허세에서 벗어나 다양한 방식으로 출구를 모색해 왔다. 예컨대, 분석철학에서 간과해 왔던 역사성을 수용하는 방식, 언어나 개념분석을 넘어 그 이면의 마음 문제로 확대해 가는 방식, 논리실증주의와 같은 분석철학 일부에서 금과옥조로 여겨졌던 검증원리를 철회함으로써 형이상학의 가능성을 부활시키는 방식, 그리고 완전히 상이한 것으로 취급되어 왔던 분석철학과 대륙철학 사이의 간극을 메꾸는 방식 등이 이에 해당한다.

분석철학이 다양한 내적 · 외적 비판에 직면하여 대응책을 모색하는 과정은 '철학의 혁명'에서 졸업을 하는 과정으로 볼 수 있다. 분석철학은 여러 비판에 대한 대응책을 모색해 가면서 자연스럽게 철학의 혁명에서 졸업하는 과정을 밟아 갔다. 이러한 과정에서 분석철학은 기존의 분석철학에 대한 비판에서 다소 자유로워질 수 있었지만, 동시에 분석철학이 지니고 있던 본래의 예리한 분석의 칼날은 이전보다 다소 무뎌지면서 활력을 잃어 갔다.

분석적 교육철학도 분석철학과 비슷한 양상을 보이지만, 정도에 있어서는 훨씬 더 극심한 부침의 과정을 거쳐 왔다. 분석적 교육철학은 1960~1980년까지 절정기를 구가하다가 그 이후 급격한 퇴조의 과정을 거쳤다. 분석적 교육철학은 개념분석 방법을 사용하고 있다는 점에서 분석철학과 다르지 않다. 그러나 분석적 철학과 달리, 분석적 교육철학은 교육이 내재적으로 가지고 있는 규범적 측면, 즉 (내재적) 가치 추구의 문제를 결코 배제할 수 없다는 점이다. 그리하여 분석적 교육철학에서는 논리실증주의나 과학철학과 달리 일상언어 분석 방법이 주로 사용되어 왔다. 분석적 교육철학에서 사용하는 '일상언어 분석 방법'이란 교육의 주요 개념을 분석함으로써 개념적 준거를 명료히 하는 일, 교육의 다양한 주장 속에 들어 있는 논리적 가정과 함의를 밝힘으로써 논리적 지형도를 그리는 일, 교육의 가치나 주장을 논리적으로 정당화하는 일이다.

그러나 가치중립적인(value-free) 분석철학적 방법과 가치지향적인(value-laden) 교육 간에는 딜레마가 존재한다. 말하자면, 교육은 가치 정당화 문제를 넘어서 적극적으로 가치를 추구하지만, 분석적 교육철학은 가치를 적극적으로 주장하는 일에는 여전히 소극적이다. 이러한 점 때문에 교육학자나 다른 전통의 교육철학자들은 분석적 교육철학을 비판해 왔다. 분석적 교육철학은 또한 교육실천가들이 교육 현장에서 연구한 교육의 언어와 논리를 명료화하고 검토하는 일을 하는 등, 그 학문이 지니고 있는 이차적인 성격 때문에 교육실천가들로부터 교육 현장이나 교육 실제로부터 괴리되어 있다는 비판을 받아 왔다. 이러한 비판에 직면하여 분석적 교육철학자들은 새로운 방향을 모색해 갔다. 허스트는 분석철학적 방식으로 교육이 '지식의 형식'보다는 '사회적 실제'에 학생을 입문시키는 일로 보아야 한다는 점을 설득력 있게 논의하였다. 카와 던은 한 걸음 더 나아가 교육철학은 분석적 교육철학처럼 이론적인 교육철학보다는 '실천적 교육철학(practical philosophy of education)'을 지향해야 한다고 주장하였다.

오늘날 분석적 교육철학은 수명을 다하고 역사의 뒤안길로 사라져야 하는가, 아니면 여전히 많은 교육의 개념과 문제들은 분석적 교육철학의 엄밀한 분석과 논의가 요청되는가? 분석적 교육철학자들은 분석철학이야말로 참된 교육철학이라고 허세를 부리기보다는 정교한 교육적 문제 논의를 위한 방법적 미덕으로만 남아 있어야 하는가? 최근 들어 이러한 근본적 의문이 제기될 만큼 분석적 교육철학은 그 위상이 격하되었다고 할 수 있다. 이러한 기로의 상황에서 분석적 교육철학자들이 취할 수 있는 길은 세 가지 방향을 생각할 수 있다. 첫 번째의 방향은 분석적 교육철학의 입장을 견지하면서 분석적 교육 현장에 대한 반박을 충분히 방어할 수 있을 정도로 더 정교하게 하는 일이다. 두 번째의 방향은 분석적 교육철학의 입장을 견지하면서 인간의 삶과 실천의 문제에 관심을 확대하는 일이다. 세 번째의 방향은 분석적 교육철학의 입장을 표방하거나 그에 연연하지 않으면서 다양한 철학적 방식으로 문제에 접근하거나 해결해 나가는 것이다. 현행 분석적 교육철학은 분석철학 방법을 고수하든 그러지 않든 간에, 교육의 개념과 논리와 정당화 문제를 넘어 교육의 가치와 실천 문제, 인간의 삶과 사회의 문제에 관심을 확대하면서 시대적·사회적 요청에 응답하려는 방향으로 나아가고 있다.

오늘날 상황에서 교육철학자, 특히 분석적 교육철학자는 어떻게 대처해야 하는가? 마지막으로, 넓게는 교육철학자, 보다 구체적으로는 분석적 교육철학자의 역할이 어떠해야 하는지를 헤겔의 '미네르바의 올빼미'의 비유를 재해석한 글을 제시함으로써 이 책을 갈무리하고자 한다.

> [분석적] 교육철학자의 일은 흔히 '미네르바의 올빼미' 역할에 비유된다. 이 말은 미네르바의 올빼미가 땅거미가 질 무렵에 비로소 날갯짓을 시작하듯이, [분석적] 교육철학자들도 교육자나 교육학자들이 연구한 다음에야 비로소 그들이 한 일이 제대로 된 것인지를 검토하고 성찰하는 일을 한다는 의미이다. 그런데 과거에는 교육 활동이 그다지 많지도 복잡하지도 않았기 때문에 과거의 올빼미처럼 늑장을 부려도 문제

가 없었는지 모른다. 그러나 오늘날 교육 현실과 실천은 이전의 상황과 판이하므로, 낮 동안 그 활동에 무관심하거나 늑장을 부리다가는 낭패를 당하게 되고, 또한 그런 상태로 다른 교육실천가들이 해 놓은 일을 평가하거나 '감 놔라 배 놔라' 했다가는 꼰대 소리를 듣기 십상이다. 오늘날 미네르바의 올빼미로서의 [분석적] 교육철학자들은 교육 실천과 무관한 일을 하는 것이 아니라 정확히 교육 현장에서 일어나는 일들을 검토하고 해명하는 일을 해야 하며, 그 일을 잘 감당하기 위해서는 본격적인 활동을 하기 전인 낮 동안에도 교육 실천이 일어나는 현장을 예의 주시해야 한다. 그럴 때 [분석적] 교육철학은 힘차게 비상할 수 있고, 또 교육 실천과 교육학의 다른 분야에도 선한 영향력을 끼칠 것이다(유재봉, 2025: 289).

참고문헌

강영혜(1990). 공교육제동에서의 자유교육의 의미. 서울대학교 대학원 박사학위논문.

강진호(2007). 초기 분석철학 연구의 최근 쟁점들. 철학과 현실, 72, 110-123.

고영준(2008). 학문과 교과: 헤겔 정신현상학의 교육학적 해석. 서울대학교 대학원 박사학위논문.

구리나(2011). 비트겐슈타인철학의 교육학적 함의. 서울대학교 대학원 박사학위논문.

김기민(1982). 신념의 교육적 의미. 서울대학교 대학원 석사학위논문.

김기민(1992). 노작교육의 성격과 가치. 서울대학교 대학원 박사학위논문.

김동식(2001). 분석철학과 삶의 접점: 분석철학적 성향의 특징과 그 의의. 철학연구, 54, 61-77.

김병희(1985). 교육적 개념으로서의 이해. 서울대학교 대학원 석사학위논문.

김병희(1995). 교육의 선험적 기반. 서울대학교 대학원 박사학위논문.

김여수(1984). 비트겐슈타인의 이해를 위한 소묘. 분석철학연구회(편), 비트겐슈타인의 이해(pp. 7-34). 서광사.

김정래(1997). '잘삶'의 개념과 교육. 교육학연구, 35(3), 1-20.

김정래(1998). 교육권의 철학적 분석 및 정당화. 한국교육, 25(1), 23-63.

김혜숙 (1991). 로티와 후기 분석철학의 전개. 철학과 현실, 9, 266-283.

나병현(1982). 교육에 있어서 지식과 의식: 의식화 개념의 재해석. 서울대학교 대학원 석사학위논문.

나병현(1991). 교육의 자율성 연구: 교육의 자율성을 부정하는 입장에 대한 비판을 중심으로. 서울대학교 대학원 박사학위논문.

노철현(2008). 칸트 선험철학의 교육인식론적 해석. 서울대학교 대학원 박사학위논문.

문장수(2011). 후기 분석철학의 주요 의미론들에 대한 역사–비판적 연구: 구성주의 의미론을 위한 시론. **철학논총**, 64, 289-313.

성기산(1977). 도덕교육에 관한 분석철학적 연구. 성균관대학교 대학원 석사학위논문.

손병홍(1993). 언어분석과 분석철학의 위상. **철학연구**, 32, 219-242.

신득렬(1989). Peters의 민주주의 개념. **교육철학**, 7, 39-58.

신차균(1977). 명제적 지식과 방법적 지식: 그 이론적 조건과 교육원리. 서울대학교 대학원 석사학위논문.

신차균(1989). 자유교육관 연구: 그 개념과 이론적 토대의 분석. 서울대학교 대학원 박사학위논문.

오병문, 이지헌(1987). 내재적 목적론 비판. **교육학연구**, 25(1), 1-13.

유재봉(1985). 개방적 마음의 교육학적 분석. 서울대학교 대학원 석사학위논문.

유재봉(2000). 맥킨타이어의 '사회적 실제' 개념에 대한 논의. **교육철학[연구]**, 24, 49-72.

유재봉(2001). 허스트의 사회적 실제에 기반을 둔 교육: 교육내용관을 중심으로. **교육철학[연구]**, 25, 73-89.

유재봉(2002a). **현대 교육철학 탐구: 자유교육에 대한 비판 및 대안탐색**. 교육과학사.

유재봉(2002b). 피터스. 연세대학교 교육철학연구회(편), **위대한 교육사상가들 V**. 교육과학사.

유재봉(2003). 듀이와 후기 허스트의 교육관 비교. **아시아교육연구**, 4(2), 193-213.

유재봉(2004). 영미교육철학의 동향에 나타난 교육철학의 성격과 방법 탐

색: 분석철학적 전통을 중심으로. **교육철학[연구]**, 31, 87-110.

유재봉(2020). 교육에서의 심신문제: 심심이원론과 물리주의를 넘어서. **도덕교육연구**, 32(1), 47-64.

유재봉(2023). 분석철학적 연구. 한국교육과정학회(편), **교육과정연구방법** (pp. 85-106). 교육과학사.

유재봉(2025). 한국 교육철학 연구 60년의 성과와 과제. **교육철학연구**, 47(2), 271-292.

이돈희(1974). **교육과학의 논리**. 교육출판사.

이돈희(1977). **교육철학개론**. 박영사.

이돈희(1983). **교육철학개론: 교육행위의 철학적 분석**. 교육과학사.

이돈희(1992). **교육정의론**. 고려원.

이돈희(1994). **교육적 경험의 이해**. 교육과학사.

이병승(1994). 교육받은 사람의 개념 연구: Dewey와 Peters를 중심으로. 계명대학교 대학원 박사학위논문.

이병승(1996). '도덕적으로 교육받은 사람'의 개념 탐색. **교육철학**, 14, 151-166.

이성호(1981). 정의의 개념과 평등교육의 원리: J. Rawls의 정의론을 중심으로. 서울대학교 대학원 석사학위논문.

이영철(2013). 비트겐슈타인과 철학의 새로운 길. **철학**, 118, 111-137.

이정인, 유재봉(2018). 사교육 개념 및 논의에 대한 철학적 검토. **교육철학[연구]**, 40(2), 101-120.

이종태(1984). 교육목표로서의 비판적 사고. 서울대학교 대학원 석사학위논문.

이지헌(1977). 교육개념의 철학적 분석: R. S. Peters를 중심으로. 전남대학교 대학원 석사학위논문.

이학주(1989). 실천적 행위의 교육적 의미: 마르크스와 듀이를 중심으로. 서울대학교 대학원 박사학위논문.

이홍우(1977). **교육과정탐구**. 박영사.

이홍우(1991). 교육의 개념. 문음사.

이홍우(1984). 교육의 목적과 난점: 열 개의 교육학 강연. 교육과학사.

이홍우(2016). 교육의 목적과 난점(7판). 교육과학사.

임현식(1994). 한국 학교교육의 가치에 대한 교육철학적 분석. 교육철학[연구], 12(1), 145-186.

정진곤(1979). 교육적, 윤리적 개념으로서의 벌. 서울대학교 대학원 석사학위논문.

정진곤(1999). 대안학교에서의 자유의 의미와 비판적 분석. 교육철학[연구], 22, 163-181.

조난심(1991). 도덕교육의 목적으로서의 자율성: 그 의미와 한계. 서울대학교 대학원 박사학위논문.

조무남(1976). 도덕적 지식의 논리적 특성과 타당성 분석. 석사학위논문.

조무남(2002). 앎과 삶 그리고 덕: 도덕교육과 지식교육의 합리주의적 지평을 넘어. 교육과학사.

조수환(1988). R. S. Peters 교육철학에 있어서의 자유와 권위. 계명대학교 대학원 박사학위논문.

조화태(1982). 교육적 가치개념으로서의 합리성. 서울대학교 대학원 석사학위논문.

차미란(2000). 오우크쇼트의 교육이론 연구. 서울대학교 대학원 박사학위논문.

최병태(1981). 교육의 비유적 설명에 관한 연구. 서울대학교 대학원 석사학위논문.

홍은숙(1999). 지식과 교육. 교육과학사.

황희숙(2009). 과학적 철학의 꿈: Wittgenstein 오독의 유산. 대동철학, 47, 93-119.

한상기(2018). 언어적 전회와 분석철학. 건지인문학, 22, 397-426.

Austin, J. L. (1962). *How to Do Things with Words*. Oxford University

Press.

Ayer, A. J. (1936). *Language, Truth and Logic*. Pengun Books.

Barrow, R., & White, P. (Eds.). (1993). *Beyond Liberal Education: Essays in honour of Paul H. Hirst*. Routledge.

Broudy, H. S. (1955). How Philosophical Can Philosophy of Education Be? *The Journal of Philosophy, 52,* 612-622.

Carnap, R., Hahn H., & Neurath, O. (1929). Wissenschaftliche Weltauffassubg: Der Wiener Kreis. In O Neurath (1981). *Gesammelte Philosophishe und Methodologishe Schriften* (Vol. 1, pp. 299-336). Hölder-Pilcher-Tempsky.

Carnap, R. (1937). *The Logical Syntax of Language*. Routledge & Kegan Paul.

Carr, W. (1995). *For Education: Towards: Critical educational inquiry*. Open University Press.

Carr, W. (2004). *Philosophy and education. Journal of Philosophy of Education, 38*(1), 55-73.

Cooper, D. E. (Ed.). (1986). *Education, Value and Mind: Essays for R. S. Peters*. Routledge & Kegan Paul.

Davidson, D. (1983). *A Coherence Theory of Truth and Knowledge*. Clarendon Press.

Davidson, D. (1984). *Inquiries into Truth and Interpretation*. Clarendon Press.

Dearden, R. F., Hirst, P. H., & Peter, R. S. (Eds.). (1972). *Education and the Development of Reason*. Routledge & Kegan Paul.

Degenhardt, M. A. B. (1982). *Education and the Value of Knowledge*. 성기산 역(1987). 교육과 지식의 가치. 문음사.

Dewey, J. (1916). *Democracy and Education*. Macmillan.

Dummett, M. A. E. (1993). *The Origins of Analytical Philosophy*.

Duckworth.

Edel, A. (1973). Analytic Philosophy of Education at the Crossroads. In J. F. Doyle (Ed.), *Educational Judgments*. Routledge & Kegan Paul.

Feinberg, W. (1995). Liberalism and the aims of multicultural education. *Journal of Philosophy of Education, 29*(2), 203-216.

Feyerabend, P. (1975). *Against Method*. Verso.

Frege, G. (1884). *The Foundations of Arithmetic* (J. L. Austin, trans., 1953). Blackwell.

Glock, H. J. (2008). *What is Analytic Philosophy?* Cambridge University Press.

Grice, H. P. (1989). *Studies in the Way of Words*. Harvard University Press.

Gross, B. R. (1970). *Analytic Philosophy*. Pegasus.

Hamm, C. M. (1989). *Philosophical Issues in Education: An Introduction*. 김기수, 조무남 공역(1995). **교육 철학 탐구**. 교육과학사.

Hardie, C. H. (1942). *Truth and Fallacy in Educational Theory*. Cambridge University Press.

Hardie, C. H. (1942). *Truth and Fallacy in Educational Theory*. 임태평 역(1992). **교육이론의 진위**. 교육과학사.

Hare, R. M. (1952). *The Language of Morals*. Oxford University Press.

Hamlyn, D. (1978). *Experience and the Growth of Understanding*. 이홍우 역(1990). **경험과 이해의 성장**. 교육과학사.

Haydon, G. (Ed.). (1998). *50 Years of Philosophy of Education: Progress and Prospects*. Institute of Education, University of London.

Hirst, P. H. (1965). Liberal education and the nature of knowledge. In R. D. Archambault (Ed.), *Philosophical Analysis and Education*. Routledge & Kegan Paul.

Hirst, P. H. (1974). *Knowledge and Curriculum*. Routledge & Kegan

Paul.

Hirst, P. H. (1993). Education, knowledge and practices. In R. Barrow & P. White (Eds.), *Beyond Liberal Education: Essays in Honour of P. H. Hirst*. Routledge & Kegan Paul.

Hirst, P. H. (1996). The demands of a professional practice. In J. Furlong & R. Smith (Eds.), *The Role of Higher Education in Initial Teacher Training*. Kogan Page.

Hirst, P. H. (1998). Philosophy of education: The evolution of a discipline. In G. Haydon (Ed.), *50 Years of Philosophy of Education: Progress and Prospects*. Institute of Education, University of London.

Hirst, P. H. (1999a). The demands of moral education: reasons, virtues and practices. In T. H. McLaughlin and J. M. Halstead (Eds.), *Education in Morality*. Routledge.

Hirst, P. H. (1999b). The nature of educational aims. In R. Marples (Ed.), *The Aims of Education*. Routledge.

Hirst, P. H. (2008). In pursuit of reason. L. J. Waks (Ed.). *Leaders in Philosophy of Education*. Sense Publishers.

Hirst, P. H., & Carr, W. (2005). Philosophy and education: A symposium. *Journal of Philosophy of Education, 39*(4), 615-632.

Hirst, P. H., & Peters, R. S. (1970). *The Logic of Education*. Routledge & Kegan Paul.

Hirst, P. H., & White, P. (1998). The Analytic Tradition and Philosophy of Education. In P. H. Hirst & P. White (Eds.), *Philosophy of Education: Major Themes in the Analytic Tradition* (Vol. I). Routledge.

Kenny, A. (1989). *The Metaphysics of Mind*. Oxford University Press.

Kim, J. (2005). *Physicalism, or Something Near Enough*. Princeton University Press. 하종호 역(2007). 물리주의. 아카넷.

Kripke, S. (1980). *Naming and Necessity*. Harvard University Press.

Kuhn, T. (1962). *The Structure of Scientific Revolutions*. University of Chicago Press.

Langford, G. (1968). *Philosophy and Education: An introduction*. London: Macmillan. 성기산 역(1983). **철학과 교육**. 교육출판사.

Langford, G. (1985). *Education, Persons and Education: A Philosophical Inquiry*. Macmillan.

Lepore, E. (1986). *Truth and Interpretation: Perspectives on the philosophy of Donal Davidson*. Basil Blackwell.

MacIntyre, A. (1981). *After Virtue: A Study in Moral Theory*. Duckworth.

Moore, G. E.(1898). Freedom. *Mind, 7*, 179-203.

Moore, G. E. (1899). The Nature of Judgement. In T. Baldwin (Ed.), *G. E. Moore: Selected Writings* (pp. 1-19). Routledge.

Moore, T. W. (1974). Philosophy of Education: An introduction. 정영홍 역(1992). **교육철학입문**. 문음사.

Nagel, E. (1936). Impressions ans appraisals of analytic philosophy of Europe. *The Journal of Philosophy, 33*(1), 5-24.

O'Connor, D. J. (1957). *An Introduction to the Philosophy of Education*. Routledge & Kegan Paul. 성기산 역(1982). **교육철학**. 집문당.

O'Hear, A. O. (1981). *Education, Society and Human Nature*. Routledge & Kegan Paul.

Peters, R. S. (1964). *Education as Initiation*. University of London Institute of Education.

Peters, R. S. (1966). *Ethics and Education*. George Allen & Unwin. 이홍우 역(1980). **윤리학과 교육**. 교육과학사.

Peters, R. S. (1967). *The Concept of Education*. Routledge & Kegan Paul.

Peters, R. S. (1973a). *Reason and Passion*. Routledge & Kegan Paul.

Peters, R. S. (Ed.). (1973b). *The Philosophy of Education*. Oxford University Press.

Peters, R. S. (1974). *Psychology and Ethical Development: A Collection of Articles on Psychological Theories, Ethical Development and Human Understanding*. George Allen & Unwin.

Peters, R. S. (1977a). Ambiguities in liberal education and the problems of its content. In K. A. Strike & E. Kegan (Eds.), *Ethics and educational policy*. Routledge & Kegan Paul.

Peters, R. S. (1977b). *Education and the Education of Teachers*. Routledge & Kegan Paul.

Peters, R. S. (Ed.). (1977c). *John Dewey Reconsidered*. Routledge & Kegan Paul.

Peters, R. S. (1981a). *Essays on Educators*. Allen & Unwin.

Peters, R. S. (1981b). *Moral Development and Moral Education*. Allen & Unwin.

Peters, R. S. (1983). Philosophy of education 1960-1980. In P. H. Hirst (Ed.), *Educational Theory and Its Foundation Discipline*. Routledge & Kegan Paul.

Peters, R. S., & Hirst, P. H. (1970). *The Logic of Education*. 문인원 외 공역(1976). 교육의 재음미. 배영사.

Popper, K. (1959). *The Logic of Scientific Discovery*. Hutchins.

Putnam, H. (1985). After empiricism. In J. Rajchman & C. West (Eds.), *Post-Analytic Philosophy*. Columbia University Press.

Quine, W. V. O. (1951). Two dogmas of empiricism. In W. V. O. Quine (1980), *From a Logical Point of View: Nine logico-philosophical essays* (pp. 20-46). Harvard University Press.

Rawls, J. (1971). *A Theory of Justice*. Harvard University Press.

Rawls, J. (1993). *Political Liberalism*. Columbia University Press.

Rorty, R. (1980). *Philosophy and the Mirror of Nature*. Blackwell.

Rorty, R. (1982). *Consequences of Pragmatism*. University of Minnesota

Press. 김동식 역(1996). 실용주의의 결과. 민음사.

Rorty, R. (1985). Solidarity or objectivity? In J. Rajchman & C. West (Eds.), *Post-Analytic Philosophy*. Columbia University Press.

Russell, B. (1900). A Critical Exposition of the Philosophy of Leibniz: With an appendix of Leading Passages. J. G. Slatter(1992. with introduction). *The Philosophy of Leibniz*. Routledge.

Russell, B. (1914). The Philosophy of Logical Atomism. In R. C. Marsh (Ed.), *Logic and Knowledge: Essays 1901-1950* (pp. 175-281). George Allen & Unwin.

Russell, B. (1959). *My Philosophical Development*. George Allen & Unwin.

Ryle, G. (1949). *The Concept of Mind*. Barnes & Noble.

Scheffler, I. (1954). Toward an analytic philosophy of education. *Harvard Educational Review, 24*.

Scheffler, I. (Ed.). (1958). *Philosophy and Education*. Allyn & Bacon.

Scheffler, I. (1960). *The Language of Education*. Charles C. Thomas.

Scheffler, I. (1963). *The Anatomy of Inquiry*. Alfred A. Knopf.

Scheffler, I. (1965). *Conditions of Knowledge: An Introduction to Epistemology and Education*. Scott, Foresman.

Scheffler, I. (1967). *Science and Subjectivity*. Bobbs-Merrill.

Scheffler, I. (1973a). *Four Pragmatists*. Routledge & Kegan Paul.

Scheffler, I. (1973b). *Reason and Teaching*. Routledge & Kegan Paul.

Scheffler, I. (1985). *Of Human Potential*. Routledge & Kegan Paul.

Scheffler, I., & Howard, V. A. (1995). *Work, Education and Leadership*. Peter Lang.

Schofield, H. (1972). The Philosophy of Education: An Introduction. 이명준 역(2001). 분석적 교육철학. 원미사.

Searle, J. (1969). *Speech Acts*. Cambridge University Press.

Searle, J. (1996). Contemporary philosophy in the Unite States. In N. Bunun & E. P. Tsui-James (Eds.), *The Blackwell Companion to Philosophy*. Blackwell.

Siegel, H. (2001). Israel Scheffler 1923-. In J. A. Palmer (Ed.), *Fifty Modern Thinkers on Education*. Routledge.

Soltis, J. F. (1978). *An Introduction to the Analysis of Educational Concepts* (2nd ed.). Addison-Wesley Publishing Company.

Strawson, P. F. (1959). *Individuals*. Methuen.

Strawson, P. F. (1971). *Logico-Linguistic Papers*. Methuen.

Taylor, C. (1985). *Philosophical Papers*. (Vol. I · II). Cambridge University Press.

Taylor, C. (1989). *Sources of the Self*. Cambridge University Press.

White, J. P. (1990). *Education and the Good Life: Beyond the National Curriculum*. Kogan Page.

White, J. P. (1995). *Education and the Personal Well-being in a Secular Universe*. Institute of Education, University of London.

White, J. P. (2001). R. S. Peters 1919-. In J. A. Palmer (Ed.), *Fifty Modern Thinkers on Education*. Routledge.

White, J. P., & White. P.(2001). An analytical perspective on education and children's right. In F. Heyting, D. Lenzen, & J. White (Eds.), *Methods in Philosophy of Education*. Routledge.

White, M. G. (1955). *The Age of Analysis: Twenties-century philosophers*. Houghton Mifflin.

Williams, B. (1985). *Ethics and the Limit of Philosophy*. Fontana.

Williams, B. (1993). *Shame and Necessity*. University of California Press.

Wilson, J.(1963). *Thinking with Concepts*. Cambridge University Press.

Wittgenstein, L. (1922). *Tractatus Logico-Philosophicus*. Routledge & Kegan Paul.

Wittgenstein, L. (1953). *Philosophical Investigations*. Blackwell.

Wright, G. H. von (1993). *The Tree of Knowledge*. Brill.

Yoo, J. B. (2001). Hirst's social practices view of education: A radical change from his liberal education? *Journal of Philosophy of Education, 35*(4), 615-626.

찾아보기

인명

내용

저자 소개

유재봉

런던대학교(현 UCL Institute of Education) 교육철학 전공(Ph. D.)

전 성균관대학교 사범대학장 및 교육대학원장

   한국교육철학학회 회장

현 성균관대학교 교육학과 교수

주요 저서 및 역서

현대 교육철학의 이해(공저, 2023)

교육철학 및 교육사 탐구(공저, 2022)

교육연구의 철학(공역, 2015)

다문화 시대 대화와 소통의 교육철학(공역, 2010)

분석적 교육철학

–전통, 유산 그리고 과제–

Analytic Philosophy of Education

–Traditions, Legacies and Challenges–

2026년 1월 10일 1판 1쇄 인쇄
2026년 1월 15일 1판 1쇄 발행

지은이 • 유재봉
펴낸이 • 김진환
펴낸곳 • (주)학지사
04031 서울특별시 마포구 양화로 15길 20 마인드월드빌딩
대표전화 • 02-330-5114 팩스 • 02-324-2345
등록번호 • 제313-2006-000265호

홈페이지 • http://www.hakjisa.co.kr
인스타그램 • https://www.instagram.com/hakjisabook

ISBN 978-89-997-3607-0 93370

정가 16,000원